Johannes B. Brantschen

Warum lässt der gute Gott uns leiden?

Das Buch

Ob es um das Leiden Unschuldiger geht, um den Tod von Kindern oder um Auschwitz: Es ist und bleibt die Kardinalfrage für alle, die sich mit dem Thema und der Wirklichkeit „Gott" auseinandersetzen. Warum gibt es Leid? Können wir ihm einen Sinn geben? Wie ist es mit dem Glauben an einen gütigen und allmächtigen Gott zu vereinbaren – gedanklich und existenziell? Das Denken von Johannes Brantschen, aber auch seine Spiritualität sind von diesen Fragen zutiefst geprägt: Ein Theologe, der sich nicht um die wirklichen Probleme drückt. Ein ehrliches, spannendes und wegweisendes Buch.

„Ein Buch, das tief berührt. Johannes Brantschen bringt unsere tiefsten Fragen zur Sprache. Er geht sie vorsichtig an, weil er mit vielen Menschen auf dem Weg ist und ihre Einmaligkeit und Zerbrechlichkeit kennt. Er schreibt als gläubiger Mensch, den diese Fragen selber umtreiben. Er gibt keine billigen Antworten, sondern ermutigt, die Schwelle der Hoffnung zu überschreiten. Darum kann ich das Buch immer wieder Menschen empfehlen, die sich fragen: Warum lässt der gute Gott uns leiden?"
(Martin Werlen OSB)

„Johannes Brantschen – ein Theologe von großer Empathie. Selten wurde so tief dem Geheimnis des Leidens nachgespürt."
(Christoph Kardinal von Schönborn)

Der Autor

Johannes B. Brantschen OP, geb. 1935, Dr. theol., em. Professor für Theologie in Fribourg, erfolgreicher spiritueller und theologischer Autor. Unter seinen Publikationen: *Gott ist anders. Versuche und Besinnungen* (2005). *Leben vor und nach dem Tod. Die Hoffnung der Christen* (2010).

Johannes B. Brantschen

Warum lässt der gute Gott uns leiden?

Antwortversuche
auf die Zumutungen des Lebens

FREIBURG · BASEL · WIEN

Herder Spektrum Band 6818

MIX
Papier aus verantwor-
tungsvollen Quellen
FSC® C083411

2. Auflage 2016

© Verlag Herder GmbH, Freiburg im Br. 2015
www.herder.de
Alle Rechte vorbehalten
Teile dieses Buches sind 2009 unter dem Titel „Warum gibt es Leid?"
als Band 6056 der Reihe Herder Spektrum erschienen.

Umschlaggestaltung: Wunderlich & Weigand
Umschlagmotiv: photocase/674077
Autorenfoto: © Wenifredo III Padilla
Satz: Arnold & Domnick, Leipzig
Herstellung: CPI books GmbH, Leck

Printed in Germany

ISBN 978-3-451-06818-8

Inhalt

Vorwort 7

Einleitung 11
1. Reden oder Schweigen? 11
2. Der Skandal des Leidens 13
3. Zur Begriffsklärung: Das Leid und das Böse . . . 22

Teil I
Alte und neuere Antworten 25
1. Leiden als Strafe 28
2. Leiden als göttliche Medizin, oder:
   Erzieht uns Gott durch Leiden? 36
3. Die Schönheit des Universums 38
4. Leiden – Preis der Liebe 40
5. Das verhüllte Antlitz des Vaters 50
6. Zwischenbilanz 56

Teil II
An Gott festhalten – trotz des Leidens, oder:
Über den christlichen Umgang mit dem Leiden . . 59
1. Ijob – gestern und heute 61
2. Leiden – Schule des Lebens, oder:
   Aus Leiden lernen 65
3. Einander im Leid trösten, oder:
   Von der Wichtigkeit des Trostes 72

4. Kreuzesnachfolge heute, oder:
   Widerstand und Ergebung 78
   Exkurs: Der Christusmord als Quelle des
   christlichen Antisemitismus, oder:
   Wie sind die Juden am Tod Jesu beteiligt? 87
5. Das klagende und anklagende Gebet 93
   Exkurs: Beten in der Nacht des Leidens 96

Teil III
Hoffnung – oder: Die Antwort Gottes 105

1. Hoffnung wider alle Hoffnung 107
   Exkurs: Die Geschichte von der Raupe
   und den Regenwürmern 112
2. Ist der Tod heute noch der „letzte Feind"?
   (1 Kor 15,26) 114
3. Und die Täter? 130
   3.1. Gericht und Fegfeuer 133
   Exkurs: Die Entdeckung des Fegfeuers 134
   Fegfeuer – was ist das? Ein Deutungsversuch . . 137
   3.2. Und die Hölle? 144
   Verschwinden die Verbrecher im Nichts?. 145
   Gott – die Macht der freien Gewinnung, oder:
   Hoffnung für alle 147

Epilog 153

Anmerkungen. 155

Vorwort

Als Sigmund Freud durch den plötzlichen Tod sein über alles geliebtes Sonntagskind, seine 26-jährige Tochter Sophie verlor (sie hinterließ einen untröstlichen Mann und zwei kleine Kinder), schrieb Freud an seinen Freund Sandor Ferenczi: „Da ich im Tiefsten ungläubig bin, habe ich niemand zu beschuldigen und weiß, dass es keinen Ort gibt, wo man eine Anklage anbringen kann."[1] Freud suchte in seinem Schmerz Ablenkung in der Arbeit und versuchte, sich „in der Resignation des Überlebenden zu üben".[2]

Der Christ hat es in dieser Situation einerseits leichter: Er darf seinen Schmerz Gott klagen, darf mit Gott hadern und Gott gar anklagen; andererseits verkompliziert sich seine Lage, denn das Leiden – so jedenfalls die Meinung des anglikanischen Schriftstellers C. S. Lewis – wäre kein Problem, „hätten wir nicht, vergraben in unserer alltäglichen Erfahrung mit dieser schmerzerfüllten Welt, die gütige Versicherung empfangen, die letzte Wirklichkeit sei voller Gerechtigkeit und Liebe".[3] Wie kann der Christ an Gott, der Macht der Liebe, festhalten angesichts der abgründigen Leidensgeschichte der Menschheit? Eine unheimliche Frage, die der Ungläubige so nicht kennt. Kein Zweifel: Das unschuldige Leiden ist und bleibt die große Frage an Gott, an einen Gott, den wir als allmächtig und allgütig glauben.

Im Jahre 1985 habe ich auf Drängen des Herder-Verlags auf diese dunkle Frage eine erste Antwort zu geben versucht. Unter dem Titel *Warum lässt der gute Gott uns leiden?* erschienen die Karwochenpredigten, die ich 1982 in der Pfarrei St. Fiden (St. Gallen) gehalten habe. Das kleine Büchlein hatte – zu meiner Überraschung – großen Erfolg. Seit 1999 ist es vergriffen.

25 Jahre später bat mich der Herder-Verlag erneut, im Rahmen seiner theologischen Reihe „Inspiration Christentum" das Thema „Gott und das Leiden" zu behandeln, und so erschien das inzwischen ebenfalls vergriffene Büchlein *Warum gibt es Leid? Die große Frage an Gott* (Freiburg i. Br. 2009). Diesmal versuchte ich – im Unterschied zu den Karwochenpredigten – argumentativer vorzugehen. Ist die Antwort plausibler ausgefallen? Ich bezweifle es. Ob wir uns in dieser unheimlichen Frage als Prediger meditativ zu orientieren suchen oder ob wir uns als Theologen am Schreibtisch argumentierend vorantasten, das Resultat bleibt immer das gleiche: Alle unsere Antworten bleiben Fragmente, und nimmt man alle Fragmente zusammen, so gibt es auch kein Ganzes. Und der alte Karl Rahner kommt uns in den Sinn. Nachdem Rahner ein Leben lang im Schweiße seines Angesichts Teilantworten auf die Frage des Leidens gesucht (und auch gefunden) hatte, meinte er am Ende seines Lebens: „Die Unbegreiflichkeit des Leides ist ein Stück der Unbegreiflichkeit Gottes."

Papst Franziskus – ein Mitbruder von Karl Rahner – sieht es ähnlich. Als ihn bei seinem Pastoralbesuch in Manila im Januar 2015 eine Zwölfjährige mit tränenerstickter Stimme fragte, warum Gott es zulasse, dass auch Kinder in Prostitution oder Drogensucht geraten können, nahm der Papst tief ergriffen das Mädchen in seine Arme und sagte, zum Publikum gewandt, das Mädchen habe als Einzige eine Frage gestellt, „auf die niemand eine Antwort hat". Eine päpstliche Umarmung auf eine unbeantwortbare Frage!

Weil ich trotz all meiner Kritiker überzeugt bleibe, dass nur Gott *selbst* Antwort geben kann – und Gott hat für uns Christen im unableitbaren, überraschenden Osterereignis Antwort gegeben –, habe ich mich bemüht, diese unsere eschatologische *Hoffnung* für heute zu dolmetschen. Dabei galt es, weder in einer platten Rechtfertigung Gottes (Theodizee) dem Geheimnis Gottes zu nahe zu treten noch in eine billige Jenseitsvertröstung abzugleiten – wohl aber den Leidenden Mut zu machen, trotz der Schrecken dieser Weltzeit an Gott, der Macht der Liebe, festzuhalten. Sicher, diese unsere Osterhoffnung ist keine Antwort auf unsere Warum-Frage. Iwan Karamasows Frage „Warum sind auch Kinder zum Dünger für Gottes künftigen Himmel geworden?" wird auch an Ostern nicht beantwortet; aber Ostern gibt uns genug Licht, um vertrauensvoll und mutig im dunklen Tal zu wandern, weil wir hoffen dürfen, dass am Ende des Tales nicht die Nacht uns verschlingt, sondern der Tag uns erwartet.

Weil meine Überlegungen zur eschatologischen Hoffnung zu lang ausgefallen sind, konnten sie 2009 in dem Büchlein *Warum gibt es Leid?* nicht in extenso veröffentlicht werden. So sei dies nun in dieser Neuauflage unter dem Titel *Warum lässt der gute Gott uns leiden? Antwortversuche auf die Zumutungen des Lebens* nachgeholt – mit einigen Exkursen angereichert.

Schließlich bleibt mir die angenehme Pflicht zu danken. Zuerst und vor allem dem Freund und Meister Gottfried Bachl (Salzburg), von dem ich „in theologicis" am meisten gelernt habe und dessen Schriften ich gerne plündere. Er wird mir verzeihen. Einen besonderen Dank schulde ich Ingrid Staehle, die auch diesmal mit journalistischer Professionalität meinem Ersttext zu Leibe rückte. Last but not least sei Herrn Dr. Rudolf Walter herzlich gedankt. Er hat nicht nur vor 30 Jahren mein erstes Leidensbüchlein lektoriert, sondern auch für dieses Büchlein den Titel gefunden, mit geduldiger Ungeduld auf seine Veröffentlichung gedrängt und sich wieder einmal als vorzüglicher Lektor erwiesen.

Fribourg, im Februar 2015　　　　*Johannes B. Brantschen OP*

Einleitung

1. Reden oder Schweigen?

Die Frage nach dem Leiden, so uralt sie ist, springt jede Generation und jeden Gottgläubigen immer wieder neu an. Denn all die unzähligen, noch so brillanten Antworten darauf in Geschichte und Gegenwart mussten und müssen an irgendeiner Stelle einen letzten Rest an Sinngebung schuldig bleiben.

Sollten Theologen und Theologinnen deshalb nicht gleich ganz aufs argumentative Reden verzichten und statt dessen das Leiden im Gebet vor Gott hintragen in Klage und Bitte? In einer Klage, die Gottes Wirken in der Welt nicht versteht und trotzdem von Gott nicht lassen will, und in einer Bitte um Vergebung und Versöhnung angesichts des Schrecklichen, das wir Menschen einander zufügen und zugefügt haben?

Papst Benedikt XVI. begann seine Ansprache beim Besuch des Konzentrationslagers Auschwitz am 28. Mai 2006 so: „An diesem Ort des Grauens, einer Anhäufung von Verbrechen gegen Gott und den Menschen ohne Parallele in der Geschichte, zu sprechen, ist fast unmöglich – ist besonders schwer und bedrückend für einen Christen, einen Papst, der aus Deutschland kommt. An diesem Ort versagen die Worte, kann eigentlich nur erschüttertes Schweigen stehen – Schweigen, das ein inwendiges Schreien zu Gott ist: Warum hast du geschwiegen? Warum konntest du dies alles dulden? In solchem Schweigen verbeugen wir uns inwendig vor der ungezählten Schar derer, die hier gelitten haben und zu Tode gebracht worden sind; dieses Schweigen wird dann doch zur lauten Bitte um Vergebung und Versöhnung, zu einem Ruf an den lebendigen Gott, dass er solches nie wieder geschehen lasse."[4]

Angesichts der Schoah ist jede Sinnsuche aussichtslos, und es bleibt einzig erschüttertes Schweigen. Aber auch gegenüber großem persönlichem Leiden hat die Theologie zunächst wohl zu schweigen. 1968 starb in einer Pariser Klinik der französische Kardinal Pierre Veuillot, Erzbischof von Paris, im Alter von 55 Jahren. Veuillots Agonie war lang und furchtbar; sie dauerte drei Monate. Sterbend hat Veuillot – gleichsam als Testament – seinem Freund, Bischof Marc-Armand Lallier, Folgendes anvertraut: „Wir verstehen es meisterhaft, schöne Sätze übers Leiden zu machen. Auch ich habe übers Leiden in ergreifenden Worten gepredigt. Sagen Sie den Priestern, sie sollen lieber schweigen: Wir wissen nämlich nicht, was Leiden heißt. Als ich dies einsehen musste, habe ich nur noch geweint."

Wenn ich trotz dieser Warnung von Veuillot, die ich nur zu gut nachempfinden kann, übers Leiden zu reden wage, so nicht, um das Leiden zu zerreden oder gar den Leidenden billigen Trost zu geben, sondern um mit den Gesunden und „Glücklichen" übers Leiden nachzudenken. Dieses Nachdenken ist in zweifacher Hinsicht von Nutzen:

Erstens ist der Mensch ein Wesen, das verstehen will. Christinnen und Christen wollen verstehen – und sei es auch nur im Ansatz –, wie sie an Gott und seiner guten Schöpfung festhalten können trotz der Leiden seiner Geschöpfe. Weder gilt es, Gott mit dem Elend der Welt zu versöhnen, noch ein „Credo, quia absurdum" zu verteidigen – wohl aber müssen Theologinnen und Theologen eine Hoffnung zu formulieren suchen, die es dem Leidenden erlaubt, trotz aller Schrecken am Gott der Macht der Liebe festzuhalten.

Zweitens kann uns das Nachdenken über das Leiden, solange wir gesund und „glücklich" sind, in der Nacht des existenziellen Leidens zu einer Hilfe werden, unser Leiden aufzuarbeiten und in unser Leben zu integrieren; mag dann auch bei diesem schmerzlichen *Lebensprozess* vieles von unserem scheinbar so sicheren theologischen Wissen über das Leiden sich als unbrauchbar erweisen. „Es ist eine sattsam bekannte Tatsache", schreibt der Psychotherapeut und Theologe Ulrich Eibach, „dass in Krisenzeiten kaum neue Inhalte erlernt werden können, sondern dass das trägt, was im Leben angeeignet wurde und sich auch dort schon als lebensbestimmendes Wort bewährt hat."

2. Der Skandal des Leidens

Warum all das Leid – wenn wir doch Gott als gut und mächtig glauben? Wer sich dieser beängstigenden und bedrängenden Frage ernsthaft stellen will, der muss zuallererst den Skandal des Leidens in seinem Umfang, seiner Tiefe und seiner ganzen Brutalität sehen wollen. Verweigern wir dies, werden alle auch noch so stotternden Antwortversuche von vornherein unredlich.

Schreiend kommt der Mensch zur Welt, und doch herrscht bei einer Geburt normalerweise Freude. Das Leiden hat mehr als ein Gesicht. Ein Stück Leiden gehört offensichtlich zum Menschsein des Menschen, zur Conditio humana. Der Mensch ist Geschöpf und damit der Zerbrechlichkeit eines der Zeit unterworfenen Lebens ausgesetzt. Dieses Geschöpfsein ist kein Übel (wie der große Leibniz meinte), schließt aber ein, dass der Mensch nur durch Geburtswehen hindurch Mensch wird und Mensch bleibt. Zu diesen lebenslangen Geburtswehen gehören Enttäuschungen und Niederlagen, Verzichte und Opfer, Frustrationen und Hilflosigkeiten, schmerzende Abschiede (Abnabelungen, Ehescheidungen, Todesfälle) und Angst machende Neuanfänge. Wer diese Schmerzen verdrängt oder verleugnet, bleibt lebenslang in seinem Narzissmus gefangen.

Der Skandal des Leidens liegt vielmehr im *Übermaß* an Leiden, das unser christlicher Gott uns zumutet. Warum Krebs bei Kindern? Warum sterben täglich 26.000 Kinder unter fünf Jahren an Hunger und den Folgen von Hunger? Und angesichts sich häufender Flutkatastrophen und Erdbeben (2008 beispielsweise starben bei Naturkatastrophen 230.000 Menschen), in denen Tausende von Menschen, Kinder und Greise, Schuldige und Unschuldige mit einem Schlag vernichtet oder – was noch schlimmer ist – verstümmelt werden, springt nicht wenige Christen der diabolische Gedanke an: Für unseren allgütigen und allmächtigen Vater-Gott zählt ein Menschenleben doch herzlich wenig.

Kein Zweifel: Das Leiden der Kreatur ist der wichtigste Einwand gegen Gott – ich würde sogar sagen: der einzig ernst zu nehmende Einwand gegen Gott. „Ich werde mich bis in den Tod hinein weigern, die Schöpfung zu lieben, in der Kinder gemartert werden", schreibt Albert Camus in seinem Buch *Die Pest*. Und der russische Schriftsteller Dostojewskij lässt in seinem Roman *Die Brüder Karamasow* eine seiner Hauptfiguren, Iwan Karamasow, Folgendes sagen: „Ich rede nicht von den Leiden der Großen. Die haben den Apfel vom Baum der Erkenntnis gegessen und zum Teufel mit ihnen, aber die Kinder, die Kinder. Warum sind auch sie zum Dünger für Gottes künftigen Himmel geworden? Dieser Einrittspreis ist mir entschieden zu hoch. Darum beeile ich mich, meine Eintrittskarte zurückzugeben. Und wenn ich ein ehrlicher Mann bin, so bin ich verpflichtet, sie so bald wie möglich zurückzugeben. Das tue ich auch." Wenn der Weg zum Himmel, das heißt zu Gott, über Kinderqualen und Kinderleichen gehen muss, dann will Iwan Karamasow von diesem Himmel nichts wissen. „Nicht Gott lehne ich ab, Aljoscha, sondern ich gebe ihm nur ehrerbietig die Eintrittskarte zurück."

Und noch eine dritte Stimme. In seinem letzten Brief aus Stalingrad schreibt ein Sohn seinem Vater, der Pastor ist, Folgendes: „In Stalingrad die Frage nach Gott stellen heißt sie verneinen … Du bist Seelsorger, Vater, und man sagt in seinem letzten Brief nur das, was wahr ist oder von dem man glaubt, dass es wahr sein könnte. Ich habe Gott gesucht in jedem Trichter, in jedem zerstörten Haus, an jeder Ecke, bei jedem Kameraden, wenn ich in meinem Loch lag, und am Himmel. Gott zeigte sich nicht, wenn mein Herz nach ihm schrie. Die Häuser waren zerstört, die Kameraden so tapfer oder so feige wie ich, auf der Erde war Hunger und Mord, vom Himmel kamen Bomben und Feuer, nur Gott war nicht da. Nein, Vater, es gibt keinen Gott... Und wenn es doch einen Gott geben sollte, dann gibt es ihn nur bei Euch, in den Gesangbüchern und Gebeten, den frommen Sprüchen der Priester und Pastoren, dem Läuten der Glocken und dem Duft des Weihrauches, aber in Stalingrad nicht."

Diese Proteste ließen sich durch unzählige Stimmen aus der heutigen Literatur und Philosophie erweitern.

Menschengeschichte ist Leidensgeschichte. Der leidende Ijob geht durch die Jahrtausende: als Sklave gekreuzigt, als Hexe verbrannt, als Kämpfer für Gerechtigkeit gefoltert, vom Erdbeben verschüttet, vom Hunger dahingerafft, vom Krebs zerfressen, von Aids gezeichnet.

Ijob ist allüberall: Er wird in Indien als Kind zur Schwerstarbeit in Steinbrüchen und Minen gezwungen, er resigniert in Darfur und vegetiert in Favelas am Rand südamerikanischer Großstädte. Und Ijob ist nicht weniger der „ganz gewöhnliche Mensch" von nebenan, der in einer zerstrittenen Ehe oder zerfallenden Familie lebt, der mit zwanzig keine Arbeit findet, mit fünfzig um seinen Arbeitsplatz bangt, mit siebzig in die Einsamkeit eines Heims gehen muss.

Diese Leiderfahrung hat in der europäischen Moderne eine Steigerung erfahren, einerseits durch den Namen Auschwitz, andererseits durch die neue Volkskrankheit

Alzheimer. In diesen „normalen Höllen" der Alzheimerkranken, Höllen, die uns vielfach unbemerkt umgeben, vegetieren wohl bald Millionen in den westlichen Industrieländern.[5] Erschütternde Erfahrungsberichte von relativ jungen Alzheimerpatienten lassen uns etwas von ihren Ängsten erahnen, weil sie merken, wie sie sich langsam verlieren und wissen: Bei dieser Krankheit gibt es kein Sterben in Würde, weil der Mensch gleichsam wieder zum Embryo wird.[6]

Und wenn wir mit Reinhold Schneider, dem bekannten katholischen Schriftsteller, einen Blick über die Welt der Menschen hinaus ins Reich der Natur und der Tiere werfen, dann verdüstert sich das Bild noch mehr; denn „Fressen und Gefressenwerden" heißt das Gesetz der Natur, ein Gesetz, das weit über das hinauszugehen scheint, was man als ökologisches Gleichgewicht bezeichnen könnte. Diese Erfahrung ließ den alten Reinhold Schneider am Vater-Gott verzweifeln: „Und des Vaters Antlitz hat sich ganz verdunkelt: es ist die schreckliche Maske des Zerschmeißenden, des Keltertreters", heißt es in *Winter in Wien*, in seinem letzten Buch, das viele seiner Anhänger schockiert hat. Reinhold Schneider war hypnotisiert von der phantastischen Zweckmäßigkeit, mit der ein Tier zur Vernichtung des anderen ausgestattet ist: „Der schönste Vogel hascht im Flug den schönsten Schmetterling; er pflückt die Schwingen ab und lässt sie dahinwehen und verschlingt den zarten Leib, der sich für seine kurze Dauer mit ein wenig Nektar begnügte und schutzlos das Farbenspiel der Flügel, ein Blitz aus den Händen des Vaters, an die Welt verschenkt. Auch ist zur

Zerstörung der Rose, wie es scheint, eigens ein grüngoldschimmernder Käfer erschaffen worden. Ich sah ihn bei der Arbeit in Muzot. Er hat, unreiner Widerspruch, keine Rose verschont ... Die Gottesanbeterin hat den Kopf des Männchens verspeist und sättigt sich nun am Vorderleib, während der Hinterleib sie begattet. Welche Versklavung aller Kreatur." Nachdem Reinhold Schneider seitenlang die phantastische Grausamkeit der Natur beschrieben hat, meint er mit unendlicher Trauer: „Das ist die Verdammnis zum Dasein, eine rotierende Hölle; das Nichts in der Erscheinungsform der Qual ... Die Bewunderung der Zweckmäßigkeit, mit der ein Tier zur Vernichtung des andern ausgestattet ist ... grenzt an Verzweiflung. Man muss aus diesen rotierenden Höllen aufblicken zum Vater der Liebe und – wer schlägt da nicht die Hände vors Gesicht?"[7]

Was der Literat Reinhold Schneider plastisch schildert, hat der Philosoph Schopenhauer schon früher nüchtern festgestellt: „Diese Welt ist ein Tummelplatz gequälter und geängstigter Wesen, welche nur dadurch bestehen, dass eines das andere verzehrt, wo daher jedes reißende Tier das lebendige Grab tausend anderer und seine Selbsterhaltung eine Kette von Martertoden ist." Und der weise griechische Philosoph Aristoteles stellte schon im 4. Jahrhundert v. Chr. prosaisch fest: „Nicht göttlich, sondern dämonisch ist die Natur."

Neben Reinhold Schneider ist der Theologe Fridolin Stier der andere „Klageprophet" (Gotthard Fuchs) des 20. Jahrhunderts. Stier leidet nicht nur an der Grausamkeit der Natur, er fühlt sich verloren im Universum. „Jahrhunderttausende her und die unabsehbare Flucht der Äonen hin hallt der Aufschrei der gequälten und vernichteten Kreatur über die Friedhöfe der Erde ins finstere Schweigen des Kosmos hinein, in das All ohne Ohren und Herz ..." Stier vermag nur noch zu Gott zu schreien: „Was hast du im Sinn ... mit mir, mit uns allen samt all den Geschöpfen, den macht- und wehrlosen, fressend gefressenen, grässlich verreckenden, allen zusammen? Was willst du? ..." Und Stier, der solidarisch mit Mensch und Tier leidende Prophet, schließt mit der (rhetorischen) Frage: „Verlautet nicht aus allem, was da leibt und lebt, frisst und gefressen wird, eine Kunde von Gott, der mir, wenn er die Liebe ist, als amor terribilis, und wenn er der Vater ist, als pater tremendus begegnet?"[8]

Sicher: Man kann die Natur auch anders sehen. Die Romantiker (vor allem Joseph von Eichendorff, dieser „Poet des Lebenstrostes" mit seinen bezaubernden Naturbeschreibungen) haben es gezeigt.[9] Hat man aber einmal den Blick von Reinhold Schneider und Fridolin Stier, dann wird die ausgeklügelte Zweckmäßigkeit der Natur nicht mehr zum Hinweis auf den guten Schöpfer, sondern zur dunklen Frage nach Gott, und der geheimnisvolle Satz des Apostels Paulus kommt uns in den Sinn: „Wir wissen, dass die gesamte Schöpfung bis zum heutigen Tag seufzt und in Geburtswehen liegt" (Röm 8,22).

Zurück zum Menschen. Menschengeschichte ist Leidensgeschichte. Die harmonisch schöne Erzählung der Genesis über die Erschaffung des ersten Menschenpaares zeigt sich im Lichte der Evolution als brutaler Kampf ums Überleben. Eugen Drewermann hat mit Hilfe der Geowissenschaften, der Evolutionsbiologie und Paläontologie die Jahrmillionen dauernde Geschichte der Hominiden bis hin zum Homo sapiens nachzuzeichnen versucht. Mag auch der Spezialist an zahlreichen Details der Drewermann'schen Erzählung Korrekturen anbringen, das Gesamtbild bleibt erschreckend genug. Drewermanns pointiert formuliertes Schlusswort lautet sinngemäß: Wenn irgendein Gott bei der „Erschaffung" des Menschen am Werk war, so war es kein guter „Vater". Ein solcher bedrängt seine Kreatur nicht mit Eispanzern, Erdbeben, Niederschlägen, Trockenheit, Sandstürmen und Hungerkatastrophen usw., wenn er dabei ist, sein „Meisterwerk" zu vollbringen. So ist beispielsweise der Homo erectus, der vermutlich schon eine primitive Sprache besaß, vor ca. 200.000 Jahren „folgenlos" an Hunger und Naturkatastrophen zugrunde gegangen. Auch sein Nachfolger, der Neandertaler, der sprechen konnte, Mitleid empfand, Kranke pflegte, mit Hunden auf die Jagd ging, die Toten bestattete und wohl auch religiöse Riten kannte, ist durch widrige äußere Umstände von der Bühne verschwunden, ohne seine Gene weiterzugeben. Er scheint umsonst gelebt zu haben und in eine der Sackgassen der Evolution geraten zu sein, wo er leidend krepierte. Sein Nachfolger, der Homo sapiens, hat ihn verdrängt und seit 30.000 Jahren die Erde in Besitz genommen.[10]

Das Leiden folgt dem Menschen als Schatten, durchzieht sein Leben wie ein blutroter Faden. Schon der Psalmist klagte: „Unser Leben währet siebzig Jahre, und wenn es hoch kommt, sind es achtzig. Das Beste daran ist nur Mühsal und Beschwer" (Ps 90,10). Warum dieses *Übermaß* an Leiden? Wer von uns ist nicht in gewissen Stunden versucht, mit dem Psalmisten zu schreien: „Furcht und Zittern erfassten mich; ich schauderte vor Entsetzen" (Ps 55,6)?

Wir dürfen nicht gleich entsetzt und empört protestieren, wenn der französische Schriftsteller Stendhal meint: Die einzige Entschuldigung für Gott bestehe darin, dass er nicht existiere, denn wenn Gott wäre, müsste er als Schöpfer dieser grauenvollen Welt vor Gericht gestellt werden. Mag uns Christen diese blasphemische Aussage in ihrer Kaltschnäuzigkeit vielleicht noch unberührt lassen, so trifft uns der schaurige Satz von Schopenhauer mitten ins Herz: „Wenn Gott diese Welt geschaffen hat, möchte ich nicht Gott sein, denn das Elend der Welt würde mir das Herz zerreißen."[11]

Hat denn Gott kein Herz? Warum dieses Übermaß an Leiden? Warum das Leiden Unschuldiger? Unheimliche Fragen. Wenn nämlich Gott uns gern hat, wie wir glauben, und wenn Gott alle Macht besitzt, wie wir bekennen, warum lässt er dann so viel Leiden zu? Mit dieser Frage wollen wir uns auf den Weg machen.

Zuerst aber noch einige Begriffsklärungen. Denn bisher haben wir nur allgemein vom „Leiden" geredet, ohne zu unterscheiden zwischen Leiden, die die Natur uns zufügt, und Leiden, die wir aus Bosheit oder Gleichgültigkeit einander zufügen. Es gilt zu unterscheiden zwischen dem Leiden und dem Bösen, zwischen Naturübeln und moralischem Übel.

3. Zur Begriffsklärung: Das Leid und das Böse

Die augustinische Unterscheidung zwischen dem Leiden und dem Bösen ist im Abendland klassisch geworden: Der Ausdruck „Übel" wird in doppelter Weise verwendet: für das, was der Mensch tut (malum morale), und für das, was er erleidet (malum physicum). Neben dem Bösen als dem Übel, das der Mensch tut, steht das Leiden als das Übel, das dem Menschen widerfährt. Leibniz stellt daneben noch das metaphysische Übel (malum metaphysicum), d. h. die Endlichkeit und Begrenztheit alles Geschaffenen.

An diese Tradition anknüpfend halte ich fest: Leiden und Böses sind zu unterscheiden, stehen aber in einer spannungsreichen Beziehung zueinander, die später zu klären sein wird.

Das Böse (das moralische Übel oder, christlich gesprochen, die Sünde) ist jenes Übel, das dem Missbrauch der endlichen Freiheit (Mensch und Engel!) entspringt und zur Quelle vieler Leiden wird. Dieses Böse hat zahlreiche Namen: Ungerechtigkeit, Hass, Terror, Folter, Habgier, Lüge, Verrat, Hybris, Neid, Egoismus, Gleichgültigkeit usw. Dieses Böse kann auch ein anonymes Gesicht annehmen und unabhängig vom Willen des Einzelnen wirken, eine Eigendynamik in ungerechten Strukturen und menschenverachtenden Bürokratien entwickeln, sodass jede und jeder in eine schon von anderen leidvoll verdunkelte Welt eintritt. Die christliche Tradition redet in diesem Zusammenhang von der Erbsünde. Hinzu kommt das kollektive und individuelle Unbewusste, das verhindert, dass die menschliche

Vernunft und der menschliche Wille souveräne Herren im eigenen Haus sind. Im Zusammenhang mit diesen dunklen Trieben, die uns ständig Streiche spielen, sprechen viele Religionen vom Teufel oder dem Bösen in Person. Gegen diese „personifizierte" Figur des Bösen (Joseph Ratzinger spricht von „Unperson", was immer das bedeuten mag!) hat das Christentum unter zwei Bedingungen nichts einzuwenden: wenn erstens der Teufel nicht zum Alibi für menschliche Verantwortung missbraucht wird und wenn zweitens Christen und Christinnen überzeugt bleiben, dass Gott uns in Jesus Christus von allen Mächten und Gewalten befreit hat – auch vom „Teufel", falls es ihn denn gibt.

Als *Leiden* (malum physicum oder natürliches Übel) bezeichnet man alle jene Übel, die der Kreatur widerfahren. Auf den Menschen bezogen sind es jene Vorgänge, Zustände, Ereignisse und Erfahrungen, die die menschliche Person in ihrer physischen, psychischen oder sozialen Integrität herabsetzen, mindern oder zerstören. Wo dies für alle drei Dimensionen gleichermaßen gilt, muss man nach Simone Weil vom „Unglück" als der extremsten Form des Leidens reden.

Während die Tradition den Akzent auf das Böse legte und damit die Menschen in die Verantwortung nahm, verlagerte die Moderne den Akzent auf das Leiden, um so den Menschen moralisch zu entlasten. Unsere theologischen Großväter sahen in der Sünde das eigentlich Böse, weil in der Auflehnung gegen Gott sich der Mensch absolut setzen wollte, den Respekt vor den Mitmenschen verloren hat und damit mitverantwortlich wurde für viele Leiden in der Welt.

Der Mensch in der europäischen Moderne hingegen ist, nachdem er Gott gerade wegen der Leiden in der Welt als unglaubwürdig abgesetzt hat, gleichzeitig nicht mehr bereit, für einen großen Teil der menschlichen Leidensgeschichte die Verantwortung selbst zu übernehmen. Der moderne Europäer gefällt sich – wie der Philosoph Odo Marquard gezeigt hat – in einem unheimlichen Unschuldswahn. Er fühlt sich als Opfer. Schuld sind die anderen: das Erbgut, das Milieu, die Erziehung, die Sachzwänge, der Teufel. Nur das Gute, das tut man selber.

Richtig an dieser in der Moderne geschehenen Verschiebung vom Bösen hin zum Leiden, vom Täter hin zum Opfer ist dies: Das eigentlich „Anstößige" bleibt das unschuldige Leiden. Wer nämlich nicht, wie im Dualismus, zwei gleichwertige letzte Prinzipien des Guten und Bösen annimmt, gerät angesichts des schuldlos Leidenden unweigerlich wieder vor die Frage: Warum gibt es Leid? Warum lässt Gott, der gute und mächtige, seine Geschöpfe leiden?

Teil I
Alte und neuere Antworten

Auf die Frage nach dem „Warum des Leidens" hatten unsere theologischen Ur- und Großväter eine klare Antwort bereit: Leiden ist Strafe für Sünden (und bittere göttliche Medizin für unser Heil). Diese Antwort kennt nicht nur die Synagoge und die christliche Kirche, sondern auch Reinkarnationsreligionen des Ostens mit ihrer rigorosen Karma-Lehre kennen sie. Die alttestamentliche Weisheitslehre meinte zu wissen: Wie einer lebt, so ergeht es ihm (Tun-Ergehen-Mechanismus). Die Freunde Ijobs sind die klassischen Vertreter dieser rationalistischen Weisheit, weil sie Ijobs Leiden auf seine Sünden zurückführen wollen. Auch die Jünger Jesu sind in diesem Denken gefangen. Angesichts eines Blindgeborenen fragen sie Jesus: „Rabbi, wer hat gesündigt? Er selbst? Oder haben seine Eltern gesündigt, sodass er blind geboren wurde?" (Joh 9,2). Diese Meinung ist immer noch nicht ausgestorben: vor allem bei älteren Christinnen und Christen, mögen sie nun kirchlich engagiert oder nur Taufscheinchristen sein. So ergab 1981 – im Jahr der Behinderten – eine repräsentative Umfrage unter 1200 Schweizerinnen und Schweizern Folgendes: Jeder Sechste unter den Befragten war überzeugt, dass Behinderung eine Strafe Gottes für begangene Sünden sei. Es ist auch in unseren Tagen nicht so selten, dass Menschen, denen schweres Leid widerfährt, von Schuldgefühlen geplagt werden und sich fragen: Was haben wir denn getan, dass dieses Unglück uns getroffen hat? Womit haben wir das verdient? Weil dem so ist, scheint es mir angebracht, die traditionelle Lehre mit ihrem problematischen Gottesverständnis kurz zu diskutieren, bevor ich mich einem neueren Antwortversuch zuwende.

1. Leiden als Strafe

Die Verknüpfung von Leiden und Schuld, Leiden und Strafe beruht vor allem auf zwei Gründen. Den *ersten* Grund sehe ich in der tief im Menschen wurzelnden Überzeugung: „Alles muss bezahlt werden!" Mag dieser Grundsatz in unserer Leistungsgesellschaft auch evident und für ein friedliches Zusammenleben gar notwendig sein – im Reich Gottes hat er zunächst nichts zu suchen. Das Reich Gottes ist Gnade und Erbarmen, ohne Vorbedingung, ohne Leistung. Reine Güte aber ist uns Menschen der Leistungsgesellschaft unheimlich. Man dürfte pointiert sogar sagen: Jesus musste sterben, weil er in Wort und Tat das menschliche Leistungsprinzip „Alles muss bezahlt werden" ins Herz getroffen hat.

Einen *zweiten* Grund sehe ich in der jahrhundertelangen Glaubensunterweisung, die in dem Satz gipfelte: Eva ist an allem schuld. (Adam wurde von der patriarchalen Theologie geschont. So lautet die im Mittelalter geläufige theologische Meinung: Adam wäre von sich aus nie auf die Idee gekommen, Gott nicht zu glauben; einzig aus Liebe zu seiner Frau habe er mitgemacht – und was dergleichen männliche Rechtfertigungen mehr sind.)

Thomas von Aquin hat in der Leidensfrage die Weichen gestellt. Thomas hat die Antworten des ersten Jahrtausends eingesammelt und mit seiner Lehre das zweite Jahrtausend geprägt. Er wurde so zum maßgebenden Lehrer der katholischen Kirche. Seine imposante Theorie zum Leiden darf man so zusammenfassen: Das Leiden – auch das Leiden Unschuldiger – ist kein theologisches Problem, denn es gibt keinen Unschuldigen. Jede und jeder steht in einem von Adam und Eva herstammenden Schuldzusammenhang. Folglich ist das Leiden grundsätzlich Strafe für die Sünde, vor allem für die Ursünde. Der Mensch wurde von Gott gut erschaffen, und zwar von Gott allein – allein aus Güte. Der Mensch wurde vom Schöpfer zusätzlich mit (übernatürlichen) Gaben so ausgestattet, dass er weder leiden noch sterben musste. Im paradiesischen Zustand war der menschliche Geist (mens) ganz auf Gott ausgerichtet. Die Vernunft war Herrin im eigenen Haus; sie hatte die „vires inferiores", die Libido und die Aggressivität, fest im Griff. Die Seele beherrschte und prägte den Leib so vollständig, dass der Mensch weder leiden noch sterben musste. Diese ursprüngliche Harmonie (Friede des Menschen mit Gott, mit sich selbst, mit den andern, Leidfreiheit und Unsterblichkeit) waren nicht „Natur", sondern Gnade und Geschenk. Dieses Geburtstagsgeschenk erhielt der erste Mensch nicht nur für sich, sondern auch für seine Nachkommen – sofern der Mensch Gott treu geblieben wäre. Das erste Menschenpaar aber wurde Gott ungehorsam und verlor damit das göttliche „Geburtstagsgeschenk" nicht nur für sich, sondern für alle Nachfahren. Der Verlust dieses

Geschenkes hatte katastrophale Folgen: Libido und Aggression gewannen die Oberhand über die Vernunft; die Seele verlor die Herrschaft über den Leib. Leiden und Tod waren die Folgen. Durch die Ursünde kamen Angst und Mühsal, Depression und Dummheit, Krankheit und Tod in die Welt der Menschen – als Strafe.

Diese imposante theologische Konstruktion, die Thomas in der biblischen Erzählung vom Paradies und Sündenfall grundgelegt sah, hat für uns Heutige jede Plausibilität verloren. Zwei Gründe sind für den Zusammenbruch dieses Systems verantwortlich:

Erstens hat die Wissenschaft (Evolutionstheorie) uns gelehrt, dass der Übergang vom Tier zum Menschen nicht an einem Tag geschehen ist. Der Übergang von den ersten Hominiden bis hin zum Homo sapiens erforderte Jahrmillionen. Die Wissenschafter streiten sich, welche Entwicklung für den Übergang vom ersten Hominiden zum Menschen verantwortlich war: War es der aufrechte Gang, der dem Hominiden die Arme frei machte zur Nahrungssuche und zur Herstellung von Werkzeugen? War es das größere Gehirnvolumen, Folge besserer Nahrung, das ihm erlaubte, durch größere Intelligenz seine Mitbewerber auszutricksen usw.? Lassen wir uns lieber von einem Satz aus Genesis 2,7 inspirieren: „Da formte Gott, der Herr, den Menschen aus Erde vom Ackerboden und blies in seine Nase den Lebensatem." Da dieser Lebensatem (hebräisch: nefesch) etwas mit ausgetrockneter Kehle, mit hungrigem Schlund zu tun hat, sage ich als Theologe so: Die Menschwerdung des Menschen ist in dem „Moment" geschehen, als der höchstentwickelte

Hominide sich bewusst wurde, dass sein Hunger und Durst durch Nahrung und Sexualität allein nicht mehr gestillt werden konnte. Durch diese die Natur übersteigende Sehnsucht wurde der Hominide trotz seiner tiefen Erdverbundenheit ein Fremdling in der Natur und einsam unter den Tieren.

Wenn wir annehmen, dass die Ontogenese (das Werden des Einzelmenschen) die Phylogenese (das Werden der Menschheit) wiederholt, darf der Theologe vielleicht so sagen: Wie der Säugling, der in einer symbiotischen Fusion mit seiner Mutter lebt und erst durch einen langen verbalen und nichtverbalen Dialog mit ihr zu einem eigenen Subjekt des Verlangens wird und zwischen sich und der Mutter zu unterscheiden beginnt – so oder wenigstens ein klein wenig ähnlich ist wohl dem Hominiden durch einen Jahrmillionen dauernden *inneren* Dialog mit dem immanenten und transzendenten Gott allmählich die schmerzliche Einsicht bewusst geworden, dass er die Natur übersteigt, dass sein Hunger und Durst über die Naturwelt hinausreicht. Wann und wo dieser Bewusstseinssprung zum ersten Mal geschehen ist, wissen wir nicht. Vermutlich ist es an verschiedenen Orten dieser Welt und zu verschiedenen Zeiten geschehen.

Einen zweiten Grund dafür, dass die großartige katholisch-thomistische Konstruktion zusammengebrochen ist, verdanken wir den Bibelwissenschaften. Sie haben uns darauf aufmerksam gemacht, dass die wunderbaren Erzählungen von Paradies und Sündenfall keine historischen „Reportagen" eines realen Geschehens sein wollen, sondern dass sie uns vielmehr etwas eminent Theologisches mitteilen wollen. Wenn das Leben des Menschen hart und grausam ist und von Anfang an so gewesen ist, ist das nicht der Wille Gottes. Gott hat für den Menschen das Glück vorgesehen. Nichts anderes sagt die wunderbare Geschichte vom Paradies. Sigmund Freud allerdings hat zu zeigen versucht, dass der Anfang der Religion – auch und gerade der jüdisch-christlichen – in den *Schuldgefühlen* wurzele, die aus einem phantasierten Vatermord – „Ihr werdet wie Gott" (Gen 3,5) stammten. Er ignoriert die Paradies-Geschichte (Gen 1–2) und setzt für seine Religionskritik erst beim Sündenfall (Gen 3) an, um daraus zu schließen: Das ganze Bemühen der jüdisch-christlichen Religion bestehe in dem Versuch, diesen (phantasierten) Vatermord zu sühnen, am Schluss – und am genialsten – bei Paulus, der Jesu Tod als Sühnopfer für den beleidigten Vater interpretiere. Diese Konstruktionen Freuds werden widerlegt eben durch die mythologische Erzählung vom Paradies: Gott ist kein neidischer Vater, der seinen Söhnen das Glück missgönnt. Die jüdisch-christliche Religion beginnt nicht mit einem Nein des Menschen zu Gott, sondern mit einem Ja Gottes zu den Menschen.

Dass die ersten Menschen Gottes Absicht – aus Angst oder aus Verstrickung in den harten Kampf ums tägliche Überleben – nicht verstanden haben, ist auch wahr. Der große Kirchenlehrer Irenäus von Lyon im 2. Jahrhundert beurteilte die Sünde der ersten Menschen als eine „kleine Sünde" und nicht als Passepartout, mit dessen Hilfe alles nachfolgende Leiden als Strafe erklärt werden könnte. Mit der Erschaffung der ersten Menschen begann die Geschichte zwischen Gott – der unendlichen Freiheit – und den endlichen Freiheiten, eine Geschichte, die erst am Ende der Tage in ihr *Ziel* kommt, auch wenn der Anfang nicht geglückt ist.

Wenn ein bekannter Exeget unserer Tage meint: Der Mensch, wie er aus Gottes Schöpferhand hervorging, ist kein anderer als der Mensch, den wir heute kennen mit seiner erheblichen Anfälligkeit für das Böse, so mag das als konstatierende Aussage richtig sein. Doch er verkennt dabei etwas Wesentliches. Wenn der biblische Erzähler das Paradies *vor* den Sündenfall setzt und beides zu einer Einheit verknüpft, will er uns damit (durch alle allzu durchsichtigen Ätiologien hindurch) dies zu verstehen geben: Das menschliche Leben, wie es nun einmal ist und von Anfang an gewesen ist, *müsste* nicht so sein, wie es ist. Dem biblischen Erzähler geht es um den Kontrast zwischen dem, was die eigentliche Bestimmung des Menschen ist, und dem, was infolge des menschlichen Unverstands traurige Wirklichkeit geworden ist.

Falls nun aber der Mensch von Anfang an Gott verstanden hätte, würden dann auf Erden andere biologische und physikalische Gesetze herrschen? Mitnichten. (Sogar der realistische Thomas von Aquin, der das Paradies als ursprünglichen historischen Zustand [miss]verstanden hat, fand die zu seiner Zeit verbreitete Meinung lächerlich, der Löwe habe im Paradies Gras gefressen. Nur für den *Menschen* hob Thomas die Gesetze der Natur auf!) Vielleicht könnte man so sagen: Hätte der Mensch von Anfang an seinen Schöpfer verstanden, wäre ihm vieles leichter gefallen: Die Arbeit müsste nicht „verfluchte Arbeit" sein – was sie ja für viele noch immer ist –, sondern könnte phantasievolles Selbsterleben sein, allerdings mit Schweiß und Müdigkeit verbunden, wie es endlichen Menschen zukommt. Das Zusammenleben der Geschlechter müsste nicht durch Macht und Angst geprägt sein, wie es heute oft der Fall ist, sondern könnte in solidarischer, angstfreier Partnerschaft sich vollziehen. Der Tod müsste nicht dieses schreckliche Antlitz tragen, das er für viele von uns hat, sondern könnte als friedvolles, angstfreies Aushauchen unseres Lebens in Gott hinein erfahren werden. Fazit: Weil die Menschen Gottes Absicht von Anfang an nicht recht verstanden haben, kamen und kommen sie mit sich selbst, miteinander und mit der Natur nicht zurecht. Daraus folgt:

1. Nicht Gott straft uns, sondern wir strafen uns selbst, wenn wir an Gott, dem einzig wahren Absoluten, vorbei unser Glück zu erreichen suchen. Das entsetzliche Leiden als Strafe Gottes hinzustellen, ist unerträglich und widerspricht dem Verhalten Jesu. Jesus hat nicht nur die Meinung seiner Jünger zurückgewiesen, der Blindgeborene habe gesündigt, sondern er hat das menschliche Leiden bekämpft, indem er Kranke heilte, Hungernde sättigte, Verzweifelte aufrichtete, sozial Geächtete vorbehaltlos in seinen Kreis aufnahm.

2. Hinter der These, Leiden sei göttliche Strafe, steht ein allzu menschliches Gottesbild. Gott ist kein Strafrichter, der durch äußere Strafen und Sanktionen die Geschichte lenkt. Der

göttliche Gott will theonome, freie Menschen, die er durch Liebe zur Gegenliebe lockt.
3. Die Rede vom Leiden als göttlicher Strafe zeitigt ungute Folgen. Sie fördert selbstzerstörerische Schuldgefühle und eine allzu willige Ergebung ins Leiden. Die Kultur des Widerstandes geht verloren. Noch zu Beginn des 18. Jahrhunderts hat ein Schreiben aus Rom den Katholiken verboten, sich gegen Pocken impfen zu lassen mit der Begründung, die Pockenepidemie sei eine Strafe Gottes und in Geduld zu ertragen. Und noch in den 50er Jahren des 20. Jahrhunderts polemisierten einige Theologen mit demselben Argument gegen die sogenannte schmerzfreie Geburt mit Berufung auf Genesis 3,16. Pius XII. hat dann glücklicherweise anders entschieden.

Wer Leiden als göttliche Strafe deutet, wird unfähig, zwischen abwendbaren und unabwendbaren Leiden zu unterscheiden. Alle Leiden, die abwendbar sind, sind abzuschaffen. Widerstand und Ergebung – das ist die menschliche und christliche Haltung dem Leiden gegenüber.

Diese Haltung kommt besonders schön in dem zumeist Reinhold Niebuhr zugeschriebenen „Gelassenheitsgebet" zum Ausdruck: „Gott, gib mir die Gelassenheit, Dinge hinzunehmen, die ich nicht ändern kann, den Mut, Dinge zu ändern, die ich ändern kann, und die Weisheit, das eine vom andern zu unterscheiden."

2. Leiden als göttliche Medizin, oder: Erzieht uns Gott durch Leiden?

Unsere theologischen Ur- und Großväter waren sich bewusst, dass ihre These, Leiden sei Strafe, nicht der Weisheit letzter Schluss sein konnte. Denn auch bei gleicher Erbschuld leiden nicht alle gleich, und auch bei den aktuellen Sünden packt das Leiden den einen viel grausamer an als den anderen. Thomas, der große Realist, fand als Erster eine sehr vernünftige, zweifach gegliederte Antwort: Die eigentliche Strafe für die Ursünde ist für alle gleich, sie besteht im *Verlust* des göttlichen Gnadengeschenks, das verhindert hätte, dass der Mensch leiden und sterben muss. Dieser Verlust aber wirkt sich bei den Einzelnen je verschieden aus infolge ihrer natürlichen körperlichen und psychischen Konstitution. Der eine ist von *Natur* aus anfälliger für Krankheiten als ein anderer. Diese Antwort darf aber nicht biologistisch im Sinne Darwins missverstanden werden, denn – und das ist der zweite Teil der Antwort – die göttliche Vorsehung hat bei den ungleichen Menschenschicksalen ihre weise Hand im Spiel: Die ungleichen Leiden bei gleicher Schuld sind göttliche Medizin, die dem Leidenden zugutekommt, indem sie seine Tugenden läutert und mehrt und ihn so für den kommenden Himmel vorbereitet. So galt im Alten Testament: Wie ein irdischer Vater, der seinen Sohn liebt, nicht mit der Rute spart, um aus ihm einen guten Menschen zu machen, so verfährt auch der himmlische Vater mit seinen Kindern, die er liebt, um aus ihnen fromme Menschen zu machen (vgl. Dtn 8,5; Sir 30,1; Spr 3,11–12; 13,24; 23,13–14).

Wie das Gold im Feuer gereinigt wird, so wird jeder, der Gott gefällt, im Schmelzofen der Leiden geprüft (vgl. Sir 2,5). Diese Wahrheit macht auch der Autor des Hebräerbriefs sich zu eigen (vgl. Hebr 12,4–13).

Die ungleichen Leiden dieser Weltzeit werden somit als Teil der geheimnisvollen väterlich-liebenden Erziehung Gottes gesehen, die wir erst im Himmel ganz verstehen werden. Vorläufig gilt: Gott, der weise Arzt und Pädagoge, will durch die bittere Medizin des Leidens die Menschen, die er liebt, vor zukünftigen Sünden bewahren, ihren Glauben auf die Probe stellen, ihre Tugenden läutern und mehren. Gott allein weiß, was er dem Einzelnen zumuten kann und muss.

Was ist von dieser Antwort zu halten? Vermag sie den Leidenden Trost zu schenken?

Zweifelsohne haben Christinnen und Christen immer wieder die Erfahrung gemacht, dass angenommenes Leiden ihnen zum Heil gereicht ist, dass sie durch Leiden hindurch liebesfähiger geworden sind, dass ihr Glaube reifer geworden ist. Sobald wir aber aus dieser echten Erfahrung eine Theorie machen und behaupten, Gott, der große Pädagoge, schicke uns bewusst Leiden, um uns zu erziehen, wird die Sache schief.

Denken wir denn „göttlich" von Gott, wenn wir ihn uns als Zuchtmeister, als Pädagogen deuten? Wäre dann Gott nicht ein schlechter Pädagoge? Die Erfahrung lehrt: Wer als Kind oft und hart geschlagen wurde, schlägt als Erwachsener zurück. Er wird gegen sich und andere wüten. „Unter allen führenden Gestalten des Dritten Reiches" – schreibt die Psychologin Alice Miller – „habe ich keine einzige gefunden, die nicht streng und hart erzogen worden wäre. Muss uns das nicht nachdenklich machen?"[12]

Die Rute im Haus und der Stock in der Schule machten aus denen, die sie zu spüren bekamen, viel eher Menschen voller Furcht, Hass und Untertanengeist als glückliche Kinder Gottes. Gott aber will aus uns freie Söhne und Töchter machen, die mit aufrechtem Gang, ohne Hass und Ressentiments durchs Leben gehen können.

Es ist ein unerträglicher Gedanke, sich Gott als Vertreter einer „schwarzen Pädagogik" vorzustellen. Auch die menschlich scheinbar so kluge Rede vom Leiden als göttlichem Erziehungsmittel greift entschieden zu kurz – angesichts der Tiefe und des Ausmaßes menschlichen Leidens.

3. Die Schönheit des Universums

Warum müssen auch unschuldige Tiere leiden? Was ist es um den ewigen Kreislauf von Fressen und Gefressenwerden? Die Antwort unserer theologischen Großväter mutet seltsam gelassen an. Bitte keine Sentimentalitäten! Die Leiden der Tiere gehören zur Schönheit des Universums. Ließe Gott keine Leiden in der Natur zu, würde viel Schönes fehlen. Das Paradebeispiel unserer Vorfahren: Der Löwe, ein Schmuck der Natur, kann nicht leben, ohne die Antilope oder den Esel zu fressen. Das war schon im Paradies so.

Soll das materielle Universum etwas von der *einfachen* Schönheit des Schöpfers spiegeln, müssen möglichst *viele*

Stufen der Schönheit realisiert werden. Das aber schließt ein, dass der Einzelne beiläufig unter die Räder kommt, das Schwächere dem Stärkeren als Nahrung dient. Das ist der Preis für die Schönheit des Ganzen.

So wird der vielschichtige Gedanke des Ordo (der Schönheit des Kosmos) neben der Sünde zum zweiten Pfeiler, der die traditionelle Leidenstheorie tragen muss. Sogar die Leiden der Märtyrer und die Qualen der Verdammten tragen zur Schönheit dieses Ordo bei, denn die Märtyrer preisen die Geduld, und die Verdammten loben wider Willen die Gerechtigkeit Gottes. Geduld und Gerechtigkeit sind Güter, die zur Vollkommenheit des Universums beitragen. (Einzig das Böse trägt nichts zur Schönheit des Universums bei. Wenn Gott das Böse trotzdem geschehen lässt, so deshalb, weil er erstens die menschliche Freiheit liebt als ein eminentes Gut und weil er zweitens die Macht hat, durch das Böse hindurch uns ein noch größeres Gut zu schenken: Jesus Christus und die Gabe des Geistes. Aus der culpa wird die felix culpa.)

Inzwischen haben wir uns vom statischen Universum und dem damit verbundenen Ordo-Gedanken verabschiedet, weil wir den evolutiven Gedanken der Werde-Welt entdeckt haben. In dieser Werde-Welt gehören die Leiden der Tiere zu den notwendigen „Neben- und Abfallprodukten" der Evolution. Zweifelsohne ist diese moderne Sicht adäquater als der alte Ordo-Gedanke, aber auch die grausamen Evidenzen der Evolution vermögen die Melancholie und Traurigkeit von Reinhold Schneider und Fridolin Stier nicht zu vertreiben.

Unser Leiden an der Grausamkeit der Natur würde an Glaubwürdigkeit gewinnen, wenn wir mit uns selbst ins Gericht gingen, denn die Leiden, die wir Menschen den Tieren angetan haben und antun, überschreiten die Grausamkeiten der Natur. Nachdem der große Philosoph René Descartes († 1650) die Tiere zu gefühllosen „Maschinen" herabgestuft hatte, hat die europäische Moderne das Tier immer mehr verdinglicht und zum Objekt des menschlichen Profitstrebens gemacht. Das fängt an mit der industriellen „Tierhaltung", bei der Tiere um schierer Produktionssteigerung willen auf kleinstem Raum eingepfercht und unter Zerstörung ihres natürlichen Lebensrhythmus buchstäblich zu Tode gefüttert werden, es geht weiter in grausamen Tiertransporten über große Distanzen und endet in wissenschaftlichen Laboratorien, in denen Tiere als wegwerfbare „Modelle" behandelt werden, nicht nur zur Erprobung neuer Medikamente, sondern auch zu rein kosmetischen und militärischen Zwecken. Erst wenn hier ein Umdenken und eine neue Praxis (also ein neues Konsumverhalten) einsetzt, wird unsere Klage über die Grausamkeit der Schöpfung ehrlich.

4. Leiden – Preis der Liebe

Nachdem die traditionellen Leidenstheorien ihre Plausibilität weitgehend eingebüßt haben, versuchen Theologen in unseren Tagen – inspiriert durch angelsächsische Religionsphilosophen – das Leiden als Preis der Freiheit zu deuten.

Das köstliche Gottesgeschenk der menschlichen Freiheit ist verantwortlich für unzählige Leiden. So wird es möglich, trotz der menschlichen Leidensgeschichte den Glauben an den mächtigen und gütigen Gott als vernünftig hinzustellen.[13] Einige Theologen (Gisbert Greshake, Gotthard Fuchs, Hans Kessler u. a.) haben diese These weiter konkretisiert. Das Leiden ist der Preis der Freiheit, und die Freiheit ist der Preis der Liebe. Diese heute wohl beliebteste These lässt sich wie folgt entfalten:

Wie sähe die Welt aus, wenn alles Leid verschwände, das wir Menschen einander bewusst oder unbewusst, gewollt oder ungewollt, persönlich oder strukturell antun? Die Erfahrung lehrt (und die Psalmen bestätigen es): Leiden, die wir Menschen einander aus Bosheit oder Dummheit, aus Unaufmerksamkeit oder Gleichgültigkeit antun, sind schwerer zu ertragen als Leiden, die die Natur uns zufügt. Eltern werden eher damit fertig, wenn ihr Kind an einer unheilbaren Krankheit stirbt, als wenn ein verantwortungsloser, betrunkener Raser ihr Kind zu Tode fährt.

Auch hier gilt: Bevor wir uns auf die Suche nach Sündenböcken machen – der Teufel, die Gene, die Erziehung, das Milieu, das Schicksal –, wäre es redlicher, über uns selbst zu Gericht zu sitzen und unsere Mitverantwortung für einen großen Teil der menschlichen Leidensgeschichte zu übernehmen.

Weil der Mensch seine Freiheit missbraucht, wird er verantwortlich für viele Leiden in der Welt: vom „banalen" Krach in der Ehe bis zur raffinierten politischen Brunnenvergiftung, von der Verbrennung der sogenannten Hexen und Ketzer bis zum kriminellen Waffen-, Drogen- und Frauenhandel, vom Genozid in Ruanda und Kambodscha bis hin zur Schoah. Hier spielt der Mensch sein Trauerspiel, nicht Gott. Ist denn der Mensch ein Ungeheuer? Hat Gott ein Ungeheuer erschaffen? (Und wer alles dem Teufel in die Schuhe schiebt, verschiebt nur das Problem; denn auch der Teufel ist ein Geschöpf Gottes.) Ist die menschliche Freiheit ein vergiftetes Geschenk, das Gott uns besser nicht gegeben hätte?

Die Freiheit ist der Preis der Liebe. Ohne Freiheit keine Liebe. Weil Gott Liebe will, will er Freiheit – auch wenn in der Freiheit die *Möglichkeit* steckt, sie zu missbrauchen und so einander Leid zuzufügen. Wir müssen oft verzweifelt oder ohnmächtig zusehen, wie unsere Liebsten sich kaputtmachen. Das ist die Ohnmacht der Liebe – die Ohnmacht vor der Freiheit des anderen. Selbstverständlich dürfen wir nicht naiv sein: Menschliche Freiheit ist immer „situierte Freiheit"; sie ist „gefangene Freiheit", gefangen in psychischen und ungerechten gesellschaftlichen Strukturen, gefangen von „dunklen Mächten" (Röm 7). Wer aber die Freiheit – wie klein sie auch in concreto sein mag – grundsätzlich leugnet, der leugnet nicht nur die Liebe; er muss auch für die Abschaffung aller Gerichte dieser Welt kämpfen. Wir können das Atom spalten, wir können einen Tresor knacken, aber unüberwindbar bleibt für uns die Schwelle des menschlichen Herzens, das sich verweigert. Vor der Freiheit des anderen sind wir ohnmächtig. Und nicht nur wir, sondern auch Gott. Wer Liebe will, muss Freiheit wollen, und wer Freiheit will, geht ein Risiko ein. Gott ist dieses

Risiko eingegangen, weil er Freude an der Liebe hat – und Gott hat Freude an der Liebe, weil er Liebe ist (1 Joh 4,8.16).

Weil Gott Freude hat an der Liebe, hat Gott für uns eine Liebesgeschichte ausgedacht, die im Hier und Heute beginnen soll und von Gott in seiner Ewigkeit vollendet wird. Diese Liebesgeschichte zwischen Gott und Mensch muss aber den Weg über die Menschen gehen. Wir lieben Gott, wenn wir den Menschen lieben (vgl. 1 Joh 4,20). Gottesliebe und Menschenliebe lassen sich nicht auseinanderdividieren; denn „Gottes Ehre ist der lebendige Mensch" (Irenäus von Lyon).

Gott will *erstens*, dass wir füreinander einstehen. Das meint Nächstenliebe (und Gerechtigkeit). Sie schließt ein, dass wir mit schöpferischer Phantasie und umfassender Solidarität in dieser unfertigen Welt ein Haus errichten, in dem jede und jeder, unabhängig von Rasse, Geschlecht und Nation, genug zu essen hat und in Würde leben kann. Zu diesem Haus gehört auch ein Garten, für den wir so Sorge tragen müssen, dass darin zu wandeln auch noch für unsere Kindeskinder Lust und Vergnügen sein kann.

Gott will *zweitens* aber auch, dass wir miteinander glücklich werden in Eros und Zärtlichkeit, in Freundschaft und Partnerschaft, denn vom Brot allein kann der Mensch nicht leben. Er braucht auch noch Liebe und Anerkennung.

Weil der Mensch nicht nur in der Zeit, sondern auch in der Ewigkeit Gottes Partner sein darf, hat Gott uns überdies einen Hunger ins Herz gelegt, der durch nichts in der Welt ganz gestillt werden kann. Mit Augustinus gesagt: „Unruhig ist unser Herz, bis es ruht in Dir." Mit Freiheit beschenkt, mit Hunger nach dem Unendlichen versehen, kann die Geschichte der Liebe beginnen, vollenden wird Gott sie in seinem Reich. Das hat Gott für uns vorgesehen. Gott ist damit – wie schon gesagt – ein Risiko eingegangen.

Die Freiheit können wir missbrauchen, und unseren Hunger können wir am falschen Ort zu stillen versuchen. Beides haben wir denn auch getan und tun es immer noch. Und die Welt hat sich verdunkelt. Statt eine geschwisterliche Welt aufzubauen, haben wir eine Blutspur durch unsere Welt und Geschichte gezogen. Statt ein gerechtes Haus für alle zu bauen, haben wir eine Pyramide konstruiert, in der viele im Dunkel unten hungern müssen und nur wenige im Licht oben schlemmen dürfen. Statt aus dieser Welt blühende Landschaften zu machen, drohen wir an den Abfällen unserer wild gewordenen „Technik" zu ersticken.

Wenn wir versuchen, unseren unendlichen Hunger in dieser endlichen Welt ganz zu stillen, dann müssen wir notgedrungen diese Welt vergöttern: Wir suchen dann im Geld oder in der Macht oder im Ruhm oder im Vergnügen unser letztes Glück... auf Kosten der anderen. Dieser Missbrauch der endlichen Freiheit, diese gierige Jagd nach einem faden Glück am falschen Ort schafft sich notwendig ungerechte Strukturen und erdrückende Institutionen, die eine Eigengesetzlichkeit entwickeln und unabhängig vom Willen des Einzelnen wirken. So erhält das Böse oft ein anonymes Gesicht.

Damit stehen wir vor der Frage: Ist Gott gescheitert? Er wollte und will eine Geschichte der Liebe (und Gerechtigkeit), und wir haben daraus eine Leidensgeschichte gemacht.

Ist es uns durch unseren Freiheitsmissbrauch gelungen, Gott schachmatt zu setzen, seine Absicht definitiv zu durchkreuzen? Sicher ist: Wir haben Gott nicht verstanden.

Was machen wir, wenn wir jemanden gern haben, und der andere versteht uns nicht? Es bleibt uns nur eines übrig: dem, den wir gern haben, durch noch größere Liebe zu verstehen zu geben, dass wir ihn wirklich gern haben; denn Liebe kann nur durch Liebe geweckt werden, niemals durch Manipulation und Gewalt.

Nachdem der Mensch Gottes Absicht ins Gegenteil verdreht hat, hat Gott auf den menschlichen Unglauben mit noch größerer Liebe geantwortet. Er hat seinen Sohn, den Juden Jesus von Nazaret, geschickt, um uns zu sagen, dass er uns alle verrückt gern habe und nur eines möchte, nämlich dass auch wir einander Leben und Glück gönnen. Und der Sohn des Vaters, der Mensch Jesus, hat diese herrliche Botschaft seines Vaters in Wort und Tat allen verkündet: den Huren und Steuereintreibern, den Ängstlichen und Arroganten, den Kranken und Besessenen, den Gesetzesunkundigen und an den Rand Gedrängten. Und was ist passiert? Die Verwandten Jesu sagten: „Er ist verrückt" (vgl. Mk 3,21). Und die Hoftheologen und der hohe Klerus versuchten, Jesu Glaubwürdigkeit zu sabotieren: „Ein Fresser und Weinsäufer ist er, ein Freund von Huren und Betrügern, was kann der schon von Gott wissen?" (vgl. Mt 11,19). Jesus aber blieb seiner Botschaft treu und seinem Vater gehorsam und wurde deshalb als Gotteslästerer gekreuzigt. Jesus leistete keinen Widerstand (vgl. 1 Petr 2,23) und ging freiwillig den Weg zum Kreuz, um uns durch diesen letzten Liebesdienst zu verstehen zu geben: Wenn ihr meinen Worten nicht glaubt, so glaubt doch, wenn ich bereit bin, mich kreuzigen zu lassen für diese ungeheure Botschaft: Gott hat euch *alle* gern. Sterbend verzeiht Jesus noch seinen Henkern, weil es ihm nicht um die Vernichtung seiner Gegner geht, sondern um ihre *freie Gewinnung*. Nur durch das Verzeihen bricht etwas wirklich Neues in unsere alte Welt des Hasses ein. Nicht Gewalt, sondern nur Verzeihen vermag den Teufelskreis von Gewalt und Gegengewalt zu durchbrechen. Am Kreuz schreit die Liebe! Wann werden wir verstehen?...

Das ist das Unerhörte: Der allmächtige Gott bettelt um unsere Liebe. Christliche Mystiker haben um diese Ungeheuerlichkeit gewusst. So schreibt Meister Eckhart: „Nie hat ein Mensch nach irgendetwas so sehr begehrt, wie Gott danach begehrt, den Menschen dahin zu bringen, dass er ihn erkenne." Noch heftiger Katharina von Siena: „Es scheint, als wärest Du verrückt geworden nach Deinen Geschöpfen, wie wenn Du ohne sie nicht leben könntest."[14]

So wartet denn Gott, nachdem er uns alles gegeben hat, mit einem Herzen voll brennender Liebe, bis wir, seine rebellierenden Söhne und Töchter – weder gezwungen noch überlistet, sondern aus freiem Herzen – auf Gottes zuvorkommende Liebe antworten. Gott kann warten. Liebe kann warten, Liebe ist diskret. Aber Gott leidet. Woran? An der noch nicht beantworteten Liebe, wie Liebe immer leidet, wenn sie nicht beantwortet wird. Erschütternde Ohnmacht des allmächtigen Gottes.

Einige Theologen versuchen denn auch mit der Rede vom mitleidenden Gott, dem Leiden seinen Stachel zu nehmen. Mit den Worten des Theologen Walter Kasper: „Wenn Gott selbst leidet, ist das Leiden kein Einwand mehr gegen Gott."[15] Die unwirsche Vernunft fragt sogleich: Was hilft es den Leidenden, wenn Gott mitleidet? Wird damit das Leiden nicht unnütz verdoppelt? Bekannt ist Karl Rahners ungeduldiger Zwischenruf: „Um – einmal primitiv gesagt – aus meinem Dreck und Schlamassel und meiner Verzweiflung herauszukommen, nützt es mir doch nichts, wenn es Gott – um es einmal grob zu sagen – genauso dreckig geht."[16]

Trotzdem liegt in der Rede von Gottes Leiden (und Mitleiden) eine tiefe Wahrheit, wenn man sie im Kontext der „Macht und Ohnmacht" Gottes sieht. Das Leiden Gottes verstehe ich als das ohnmächtige Warten Gottes auf die Antwort seiner Geschöpfe, wie es uns Jesus in seinem wohl schönsten und vielschichtigsten Gleichnis vom „verlorenen Sohn" plastisch vor Augen gestellt hat. In Wahrheit müsste dieses Gleichnis „Das Fest der Verlorenen" heißen, denn auch der Vater ist verloren und leidet, solange ihn seine Söhne nicht verstehen. Obwohl der Vater der Allmächtige bleibt – er könnte seinem Jüngeren die verlangte Erbschaft verweigern, und er könnte seinen älteren Sohn von seinen Knechten umgehend in den Festsaal schaffen lassen –, obwohl also der Vater der Allmächtige ist und bleibt, ist er gleichzeitig der Ohnmächtige, weil er sich freiwillig für die Liebe entschieden hat. Das ist die einzige Entscheidung, die seine Macht in Ohnmacht wandelt, denn in der Liebe macht Gott sich ohnmächtig und damit verletzlich. So bleibt dem Vater nichts anderes übrig, als seinen wegziehenden

Jüngeren mit seiner leidenden Liebe zu begleiten, und zwar so sehr, dass der Vater nicht nur bereitsteht, sondern seinem Jüngeren entgegeneilt, als dieser völlig abgeschlagen nach Hause kommt. Und so sehen wir am Ende des Gleichnisses Jesu den Vater dort draußen im Dunkeln und hören ihn zu seinem Älteren sagen: „Komm, freu dich mit uns! Was mein ist, ist dein!" Gott, wie er im Gleichnis vom „verlorenen Sohn" erscheint, ist kein beleidigter Vater, wohl aber ein ohnmächtiger, leidender Vater, der auf die freie Antwort seiner Söhne und Töchter wartet. Die *Macht* Gottes zeigt sich aber dann, wenn wir heimkommen: Dann kann der allmächtige Gott uns ein Fest der Liebe bereiten, ein Fest, für das auch der Tod keine Grenze ist.

Diese Einsicht in die Ohnmacht des allmächtigen Gottes kann uns helfen, angesichts des Leidens der Welt unser allzu naives Gottesbild zu reinigen.

Wir kommen ein weiteres Mal zurück zu unserer Leitfrage. Warum lässt Gott uns leiden? Warum schweigt der lebendige Gott angesichts der menschlichen Unrechtsgeschichte so unheimlich? Warum schickt er den Verbrechern der Geschichte, den Hitlern und Stalins keinen Herzinfarkt? An diesem Schweigen Gottes leiden heute viele Christen, einige zerbrechen sogar daran und versuchen, sich durch Privatoffenbarungen und „übernatürliche" Erscheinungen zu trösten. Und Nichtchristen sehen im Schweigen Gottes den klarsten Beweis, dass er nicht existiert. Meine Antwort: Gott schweigt und ist unheimlich diskret, weil er unsere Freiheit respektiert – ganz im Unterschied zu seinen autoritären irdischen Vertretern durch die Jahrhunderte der

Kirchengeschichte hindurch. Großartig erhellend in diesem Zusammenhang die Worte des Großinquisitors an Jesus in Dostojewskijs *Die Brüder Karamasow*: „Du bist nicht vom Kreuz gestiegen, als sie Dich anschrien ...: ‚Steige herab vom Kreuz, mach uns glauben, dass Du der Sohn Gottes bist'. Du hast es nicht getan, weil Du nicht durch ein Wunder die Würde ihrer *freien* Entscheidung gefährden wolltest und weil Dich nach *freiem* Glauben dürstete. Du wolltest sie nicht durch ein Wunder gebannt. Dich dürstete nach *freier* Hingabe, nicht nach dem feigen Entzücken eines Sklaven über eine Macht, die ihn außer sich bringt. Aber Du stelltest zu hohe Anforderungen an die Menschen; sie sind Hörige, wenn auch als Empörer geboren. Schau um Dich und urteile selbst: Uns kam es zu, alle zu lehren, dass nicht die freie Entscheidung des Herzens wichtig ist und nicht die Liebe, sondern nur das Geheimnis, denn blind zu gehorchen, ist auch gegen das eigene Gewissen."

Dostojewskij hat hier etwas Zentrales vom christlichen Gott verstanden. Gott respektiert unsere Freiheit, weil er unsere Liebe will. Zugleich erkannte der Dichter psychologisch scharfsinnig die Auswüchse der westlichen Kirche (nur der westlichen Kirche?), die Mechanismen ihrer Macht und Herrschaft. In den Worten des Großinquisitors an Jesus: „Wir haben deine Tat verbessert und sie auf das Wunder, das Geheimnis und auf die Autorität gegründet. Und die Menschen freuten sich, dass sie wieder wie eine Herde geleitet wurden und dass endlich das furchtbare Geschenk, die Freiheit, das ihnen so viel Qual bereitet hat, von ihren Herzen weggenommen war."

Damit steht das Ergebnis fest: Gott ist die Liebe so viel wert, dass er endliche Freiheiten geschaffen hat, obwohl er wusste, dass die Freiheit missbraucht werden kann und damit zur Quelle unzähliger Leiden wird. Diese Antwort ist deshalb nicht zynisch, weil Gott selbst sich in Jesus in unsere Unrechts- und Leidensgeschichte eingemischt hat und dafür mit dem Kreuz „bezahlt" hat. Jetzt kann Gott nur noch warten und diskret locken – das ist die Aufgabe des Geistes –, bis wir endlich verstehen, nicht nur mit dem Kopf, sondern auch mit den Eingeweiden, dass Gott eine Geschichte der Liebe mit uns und untereinander will. Doch auch diese Antwort ist nicht mehr als ein Fragment; auch sie vermag das Dunkel nicht aufzuhellen. Denn wer wagt es, Auschwitz als „Preis der Liebe" zu deuten, ja wer wagt es, das Leiden eines *einzigen* zu Tode gemarterten Kindes als „Preis der Liebe" hinzustellen? Hinzu kommt die ungeheure Zahl der Leiden, die nicht direkt dem Missbrauch der menschlichen Freiheit entspringen, sondern ihren Grund in der Schöpfungswirklichkeit haben: Leid, Schrecken und Tod verursachende Erdbeben, Flutkatastrophen, Wirbelstürme, todbringende Viren, Krebs, Missgeburten bei Tier und Mensch usw.

5. Das verhüllte Antlitz des Vaters

Pierre Teilhard de Chardin († 1955), der berühmte französische Jesuit, hat für diese „Naturleiden" das Losungswort gefunden: Alle Leiden, die die Natur uns und den Tieren zufügt, sind notwendige Neben- und Abfallprodukte der Evolution. „Wenn es für Gott, von unserer Vernunft her gesehen, nur eine mögliche Weise des Schaffens gibt – nämlich evolutiv –, ist das Übel ein unvermeidliches Nebenprodukt, erscheint es als eine von der Schöpfung nicht zu trennende Qual."[17] Diese Intuition Teilhards de Chardin bringt dann etwas Licht in die Problematik des Leidens, wenn gezeigt werden kann, dass „Naturübel" unvermeidlich sind, wenn am Ende des evolutiven Prozesses der Mensch als freies Geschöpf auf dem Planeten Erde erscheinen soll.

Natürlich hätte Gott Welt und Mensch auch so erschaffen können, wie es uns die Bibel in ihrem ersten Buch erzählt und wie es strenge Kreationisten immer noch glauben. Gott aber ging mit der Schöpfung einen anderen Weg, wie uns die Naturwissenschaften zeigen: den höchst beeindruckenden Weg der Evolution. Halten wir uns wieder einmal vor Augen: Das sich entwickelnde Universum, das heute die unvorstellbare Ausdehnung von schätzungsweise 100 Milliarden Galaxien mit jeweils 100 Milliarden Sternen (oder Sonnen) erreicht hat, begann vor ca 13,7 Milliarden Jahren mit dem sogenannten „Urknall". Vor 4,6 Milliarden Jahren entstand unsere Sonne mit ihren acht Planeten, und vor 3,5–3,9 Milliarden Jahren begann auf dem blauen Planeten Erde das Leben in Form von Einzellern und entwickelte sich, zuerst ganz langsam, über Bakterien und Pilze, Pflanzen und Fische, Dinosaurier und Säugetiere und zuletzt über verschiedene Hominiden hin zum modernen Menschen, dem Homo sapiens, der vor ca. 160.000 Jahren auftritt und dessen erste Spuren nach Ostafrika führen. Während der

Unglaube im Menschen nur ein Zufallsprodukt der Evolution oder einen „Zigeuner am Rand der Milchstraße" (Jacques Monod) zu sehen vermag, glauben wir Christen, dass dieses kostbare Wesen von Gott intendiert war, weil die unendliche Freiheit endliche Freiheiten als Mitliebende (Duns Scotus) wollte.

Damit dieses winzige, kostbare Wesen Mensch – ein Nichts im Vergleich zur Größe des Universums und doch fähig, das ganze Universum staunend wahrzunehmen –, damit diese endliche Freiheit – fähig zur Liebe wie zum Hass – *leibhaftig* in der Natur erscheinen konnte, mussten zwei Minimalbedingungen erfüllt sein: Es brauchte einerseits verlässliche Strukturen, und andererseits durften diese Strukturen nicht vollständig determiniert sein.[18] Warum? Endliche Freiheit muss sich auf gewisse Gesetzmäßigkeiten und Konstanten der Natur (Gravitationskonstante, Lichtgeschwindigkeit, thermodynamische Gesetze usw.) stützen können. In einer völlig chaotischen Welt wäre verantwortungsvolles Handeln unmöglich. Niemand könnte für die Folgen seiner Tat zur Rechenschaft gezogen werden. Diese harten Vorgaben der Natur brachten aber auch Verfall, Leid und Tod in die Welt. Andererseits dürfen diese verlässlichen Strukturen nicht total determiniert sein – sonst wäre Freiheit unmöglich. Es muss Platz für Unvorhergesehenes, für „Sprünge" da sein.

Nun haben Evolutionsbiologen aufgezeigt, dass beide Aspekte in der Natur vorhanden sind und den Evolutionsprozess vorantreiben. Es gibt so etwas wie naturgesetzliche Notwendigkeit (Biologen sagen Selektion), und es gibt

Zufall (Biologen reden von Mutation). Beide zusammen bilden die Bausteine oder Prinzipien der evolutiven Werdewelt. Den Traum von einer alles determinierenden Weltformel haben die modernen Theoretiker der Quantentheorie endgültig zerstört, indem sie den Zufall als konstitutive Dimension der Natur entdeckt haben. Selbst Physiker taten sich anfangs schwer mit dieser Einsicht. Bekannt ist Einsteins unwirsches Wort: „Der Alte würfelt nicht." Einstein war auf der Suche nach der Weltformel, die alle Gesetze lückenlos zusammenfasst – und er ist gescheitert an der Quantentheorie. Gott würfelt eben doch – und wie! Die Evolutionsbiologen, allen voran Darwin, haben viel früher erkannt, dass nicht nur gesetzmäßige Selektionsmechanismen, sondern ebenso sehr auch zufällige Mutationen den Motor der Evolution bilden. Zufällige Mutationen müssen sich in der Selektion, die viel von der physikalischen Gesetzmäßigkeit hat, bewähren. Das Überlegen des Tüchtigeren ist durch die Umweltbedingungen festgelegt. Die meisten dieser Mutationen verschwinden wieder, weil sie im Lebenskampf von Nachteil sind. Nur wenn sie im richtigen Moment in der richtigen Umgebung auftreten, kommt etwas Tüchtigeres zustande. Das alles heißt aber: Es gibt Sackgassen der Evolution, es gibt „Abfälle", es gibt Leiden.

Können wir in diesem Spiel zwischen Mutation und Selektion nicht schon den Schatten der kommenden Freiheit erahnen? Ist es für uns Christen nicht möglich, zu glauben, dass Gott der Urgrund der Schöpfung, in dieser ausgeklügelten Balance zwischen Zufall und Notwendigkeit,

Mutation und Selektion den evolutiven Kräften zwar eine Eigengesetzlichkeit zugesteht, sie aber letztlich so steuert, dass ein geordnetes Universum entsteht mit der menschlichen Freiheit und Intelligenz als (krönendem) Abschluss? Die moderne Evolutionslehre gäbe uns Christen so die Freiheit, die Geschichte der Evolution – wie Teilhard de Chardin es will – als schmerzlichen Weg hin zur menschlichen Freiheit zu denken.

Es scheint, dass das Universum auf das Kommen des Menschen gewartet hat. So schreibt Simon Conway Morris, Paläobiologe in Cambridge: Die Naturwissenschaft „hat uns zumindest gezeigt, dass das Universum, in dem wir leben, merkwürdig gut auf uns zugeschnitten ist: Da ist die Paradoxie der Entstehung des Lebens, da sind die vielen Besonderheiten des Sonnensystems, die eine notwendige Vorbedingung für unsere Existenz zu sein scheinen. Und wäre die kosmologische Konstante auch nur einen Hauch anders ausgefallen, so wäre unser Universum ... nicht wiederzuerkennen, geschweige denn bewohnbar." Das Universum ist voller extremer Unwahrscheinlichkeiten, die erfüllt sein mussten, damit menschliches Leben möglich wurde. Morris staunt „über die unheimliche Fähigkeit der Evolution, durch die riesigen ‚Hyperräume' der biologischen Möglichkeiten hindurch genau die passenden Lösungen anzusteuern". Noch geheimnisvoller erscheint ihm „die allmähliche Entstehung des Bewusstseins: Wie kann ein Produkt letztlich unbeseelter Prozesse sich selbst und seine Welt erkennen?"[19] Wen wundert's daher, wenn Theologen bei so viel „zufälligen" und doch lebensnotwendigen Konstanten von einem „intelligent design", von einer planenden Intelligenz reden, die sich in der Evolution zeigt?

Ich habe kein Problem mit dieser Sicht, mein Problem ist ein anderes – in Abwandlung eines berühmten Wortes von Fridolin Stier: „Mein Problem ist nicht, ob Gott ist oder nicht ist, das meine beginnt damit, dass ER ist"[20] sage ich so: Mein Problem liegt nicht darin, dass die wunderbare Evolution uns einen intelligenten Planer zeigt, sondern darin, dass ich diese kalte Intelligenz, die über unzählige Leichen geht, nicht zusammenbringe mit dem Vater Jesu, der um die Zahl der Haare auf unserem Kopf weiß und ohne dessen Willen kein Spatz zur Erde fällt (vgl. Mt 10,29–30).

Zeigt sich nicht gerade darin die Würde des Menschen, dass er Nein sagt zu dem, was ihn in seinem Sein vernichtet? Ist es bloß gekränkte kindliche Megalomanie, wenn ich trotz der Evidenzen der Evolution mit ihren „Abfällen und Nebenprodukten" ratlos bleibe und mit Reinhold Schneider rufe: „Und das Antlitz des Vaters? Das ist ganz unfassbar!" Warum Krebs bei Kindern, warum Missgeburten bei Mensch und Tier, warum das ewige Fressen und Gefressenwerden, warum Flutkatastrophen …? Ich weiß es nicht. Müssen wir denn unbedingt *intellektuell* rechtfertigen, was *existenziell* nicht gerechtfertigt werden kann? Vielleicht gibt uns der (christliche) Philosoph Paul Ricoeur einen Wink, wenn er schreibt: „Der Glaube blickt in eine andere Richtung: Der Ursprung des Bösen [und des Leidens] ist nicht sein Problem, sein Problem ist das Ende des Bösen [und des Leidens]."[21] Darüber wird im Schlusskapitel zu reden sein.

6. Zwischenbilanz

Nach diesem schnellen Durchgang durch die alten und neuen Antworten gilt es, Bilanz zu ziehen:

Alle Antworten – die alten und die neuen – bleiben Fragmente, und nimmt man alle Fragmente zusammen, so ergibt es auch kein Ganzes. Die einfache Frage Dostojewskijs „Warum müssen auch unschuldige Kinder leiden?" bleibt unbeantwortet. Die gläubige Vernunft muss vor dem „Warum" kapitulieren. Denn wer wagt es, den Erdbebenwüsten dieser Erde oder gar der Schoah mit rationalen Argumenten einen Platz in Gottes Heilsplan zuzuweisen? Keiner wird das tun, der Wert darauf legt, Mensch zu sein und als Mensch behandelt zu werden.

Ausgangs- und Endpunkt eines jeden Antwortversuchs muss zunächst dies bleiben: Wir können dieses dunkle Geheimnis weder auflösen, noch steht uns das Recht zu, über Gott zu Gericht zu sitzen. Dieser Grundsatz will nicht einem blinden Glauben ohne Vernunftgründe, das Wort reden. Wohl aber will er das Wenige, das zu dieser Frage gesagt werden kann und muss, davor bewahren, in eine unerträgliche Rechtfertigung Gottes (Theodizee) abzugleiten. Eine solche platte Theodizee liegt immer dann vor, wenn die Theologie einerseits das Geheimnis Gottes zu durchschauen meint und andererseits das menschliche Elend zu verniedlichen sucht. Leibniz' großartige *Essais de théodicée* sind aus diesen beiden Gründen gescheitert.

Der Skandal des Leidens kann uns helfen, unser oft allzu naives Bild vom „lieben Gott" zu korrigieren hin auf das

Bekenntnis „Gott ist Liebe". Die Liebe ist das Anspruchsvollste, das wir kennen, weil sie Wahrheit und Recht miteinschließt und verwandelnd übersteigt. An diesem Punkt kann uns vielleicht Thomas Mann mit einer Episode in seinem Roman *Joseph und seine Brüder* einen Wink geben: In jener Nacht, als Jakobs Lieblingsfrau Rahel bei der Geburt Benjamins stirbt, ruft Jakob: „Herr, was tust du?", und Thomas Mann fährt fort: „In solchen Fällen erfolgt keine Antwort. Aber der Ruhm der Menschenseele ist es, dass sie durch dieses Schweigen nicht an Gott irre wird, sondern die Majestät des Unbegreiflichen zu erfassen und daran zu wachsen vermag.... Sein [Jaakobs] Aufblick ins Ungeheure war entsetzensvoll, aber nicht ohne Kraft des Schauens, und seine Arbeit am Göttlichen ... erfuhr in dieser furchtbaren Nacht eine Förderung, die eine gewisse Verwandtschaft mit Rahels Qualen hatte."[22] Jakob hat in jener Nacht der Tränen etwas von jener Wahrheit begriffen, die auch wir heute immer noch lernen müssen: Gott Gott sein lassen, das heißt: ihn als den unbegreiflich Heiligen anerkennen, oder mit Paulus gesagt: „Wer bist du denn, dass du als Mensch mit Gott rechten willst?" (Röm 9,20).

Nachdem Karl Rahner ein Leben lang im Schweiße seines Angesichts Teilantworten auf die Frage des Leidens gesucht (und auch gefunden) hatte, meinte er am Ende seines Lebens: „Die Unbegreiflichkeit des Leides ist ein Stück der Unbegreiflichkeit Gottes."[23]

Noch ein Letztes gilt es zu bedenken: Die logisch einwandfreien Einwände gegen Gott wegen des Leides (von Epikur bis Richard Dawkins) sowie die rationalistischen

Versuche, Gott zu rechtfertigen trotz der Leiden (von den Freunden Ijobs über Leibniz bis hin zu modernen „Opiumpfaffen") – all diese Versuche sind oft auf der Tribüne entstanden und nicht in der Arena. In der Arena wird gelitten, geschrien, geklagt, geflucht, geweint – und vielleicht auch gebetet, aber in der Arena wird nicht über die Versöhnung Gottes mit dem Leid spekuliert. Es sind Menschen aus den Konzentrationslagern, in denen sie Ungeheuerliches erlitten haben, gläubig herausgekommen – und es sind draußen stehende Beobachter der Konzentrationslager ungläubig geworden. Es ist eine seltsame Erfahrung, dass das Leiden zuweilen für den neutralen Beobachter ein größeres gedankliches Problem als für den Leidenden selbst ist.

Alle Versuche, die Vereinbarkeit von Gott und Leid rein theoretisch – das heißt in einer geschichtslosen Rationalität – aufzuzeigen, müssen letztlich unbefriedigend bleiben. Deshalb wollen wir im nächsten Kapitel (Teil II) in praktischer Absicht einige „Gedanken" formulieren, die uns helfen können, trotz des Leidens an Gott festzuhalten.

Teil II
An Gott festhalten – trotz des Leidens, oder:
Über den christlichen Umgang mit dem Leiden

Jeder Kletterer über einem Abgrund braucht „Griffe", an denen er sich festhalten kann, um nicht in die Tiefe gerissen zu werden. Diese alpinistische Metapher aufgreifend, nenne ich fünf „Griffe", an denen wir uns im Leiden festklammern können, um nicht an Gott, der Macht und Ohnmacht der Liebe, irre zu werden.

1. Ijob – gestern und heute

Den ersten „Griff" – es ist eine Art Doppelgriff – finden wir im alttestamentlichen Buch Ijob. Die tiefsinnige und vielschichtige Ijob-Dichtung sagt uns unter vielem anderen auch dies: Mensch, du kannst das dunkle Geheimnis des Leidens nie und nimmer ergründen, aber du brauchst dich nicht schuldig zu fühlen, wenn du leidest.

Ijob sitzt, nachdem er Familie, Hab und Gut verloren hat, elend auf einem Aschenhaufen, kratzt sich mit einer Scherbe den Aussatz ab, klagt, weint, schreit laut seinen Schmerz heraus, beteuert seine Unschuld und stellt Gott anklagend die Warum-Frage. Warum muss ich unschuldig so leiden? Wäre ich doch gar nicht erst geboren! Seine drei Freunde kommen von weither, um ihn zu trösten. Zuerst hören sie seine Klagen geduldig an: „Und sie setzten sich zu ihm auf die Erde sieben Tage und sieben Nächte lang, ohne dass einer ein Wort zu ihm redete, denn sie sahen, dass der Schmerz sehr groß war" (Ijob 2,12–13). Ergreifendes (und tröstendes) Schweigen angesichts des Leidens des Freundes. Dieses schweigende „Dabeisein" ist oft auch das Einzige, was wir angesichts eines schwer Leidenden tun können. Allmählich aber finden sie, Ijob gehe mit seinem Wehklagen entschieden zu weit, und sie beginnen, auf ihn einzureden – mit den uns sattsam bekannten Argumenten. Der erste Freund meint, wenn auch nur beiläufig, Ijobs Leiden sei göttliche Medizin (vgl. Ijob 5,17–19). Dann spielen alle drei Freunde in langen, ermüdenden Redegängen (vgl. Ijob 4–27) die durch Jahrhunderte geheiligte These durch: Der Mensch ist es, der das Unheil erzeugt. Es geziemt sich nicht, Gott anzuklagen und ihm Vorwürfe zu machen. Unglück ist immer eine Strafe für etwas.

Ijob aber verstummt nicht und wendet sich schließlich gegen seine Freunde mit beißender Ironie: „Ähnliches habe ich schon viel gehört, leidige Tröster seid ihr alle", quält mich mit euren Theorien über Leid und Strafe ... „Auch ich könnte reden wie ihr, wenn ihr an meiner Stelle wäret ... (vgl. Ijob 16,1–7). In dieser Patt-Situation zwischen Ijob und seinen Freunden greift nun Gott ein und sagt ein Doppeltes – und sehr Erstaunliches:

Erstens tadelt Gott mit harten Worten die Freunde Ijobs: „Mein Zorn ist entbrannt gegen dich [Elifas] und deine beiden Gefährten; denn ihr habt nicht recht von mir geredet wie mein Knecht Ijob" (Ijob 42,7). Gott nimmt Ijob in Schutz und verwirft die Theorie seiner Freunde, die Ijobs Leiden als Strafe deuten wollten.

Zweitens wendet sich Gott an Ijob und beginnt, ihm Fragen zu stellen über „Himmel und Erde" (Ijob 38,1–40,2; 40,6–41,26), auf die Ijob keine Antworten weiß. Gott, so scheint es, geht gar nicht auf Ijobs Klagen, Anklagen und Warum-Fragen ein, sondern überhäuft den armen Ijob mit einer Kaskade von ironischen Fragen – von der Gründung der Welt über meteorologische Phänomene bis zum Leben wilder Tiere. Das entlockt dem sonst so frommen französischen Dichter Paul Claudel den Ausruf: „Welche Enttäuschung! Die ganze Verteidigungsrede Jobs ist, als wenn sie nicht gehalten wäre. Der göttliche Sprecher gibt sich gar keine Mühe, auch nur auf eine seiner Ausführungen, nur auf einen seiner Beweise einzugehen! Kein Wort des Trostes, des Mitgefühls oder der Rechtfertigung. Und auch nicht andeutungsweise ein Versprechen oder eine Hoffnung. Sondern eine Zurschaustellung von Macht und Größe, die nicht wesentlich verschieden ist von den bis zur Ermüdung wiederholten Darstellungen der drei Biedermänner."[24]

Diese Reaktion ist verständlich, wenn man den Wortlaut der Reden Gottes hört. Aber ist damit ihre „Tiefengrammatik", ihre Botschaft adäquat erfasst? Diese Botschaft lautet etwa: Ijob, du bist mit deinen Antworten bald am Ende, aber du darfst nicht meinen, du könntest mit deinen Fragen (und Antworten) das Geheimnis der Welt durchschauen! „Wer ist es, der den Ratschluss verdunkelt mit Gerede ohne Einsicht?" (Ijob 38,2). Gott bestreitet hier die Kompetenz Ijobs, Gottes Möglichkeiten und Gedanken zu erfassen. Dieser Hinweis Gottes auf seine Transzendenz, seine Unbegreiflichkeit, aber auch seine Möglichkeiten warnt uns vor schnellen menschlichen Antwortversuchen und schafft Raum für Hoffnung. Das Wissen, dass ich es nicht wissen kann, dass aber Gott es weiß, ist mir persönlich hilfreicher als jede noch so kluge Leidenstheorie, die immer hinterfragbar bleibt. So werden die auf den ersten Blick seltsam anstößigen, ausgreifenden Gott-Reden über die Gründung der Welt usw. zu einem befreienden „Nicht-Wissen", das zur Hoffnung ermutigt: Das letzte Wort steht noch aus – oder, mit dem Juden Gershom Scholem gesagt: Wir leben in einer Welt, „in der Erlösung nicht vorweggenommen werden kann".

Zudem – und das ist der andere Teil meines „Doppelgriffes" – fühlen sich Menschen, die schweres Leid trifft, bewusst oder unbewusst oft schuldig. Das Ijob-Buch nimmt uns diese selbstzerstörerischen Schuldgefühle, indem es die traditionelle Verbindung zwischen Schuld und Leiden zerreißt und uns damit zu verstehen gibt: Gott ist nicht dein strafender Richter, wenn du leidest, Gott ist nicht dein Feind, wenn es dir schlecht geht. Gott ist immer dein Freund, der schweigend mit dir geht, auch in der Nacht des Leidens. Du darfst Gott klagend und anklagend (wie Ijob) deine Not und deine Verzweiflung entgegenschreien, aber quäle dich nicht mit Schuldgefühlen.

2. Leiden – Schule des Lebens, oder: Aus Leiden lernen

Der zweite „Griff" ist eine für jeden erfahrbare Lebenslektion: Auch in schwerem Leiden kann eine Chance liegen.

Sicher: Der Mensch, den schweres Leiden trifft, quält sich zuerst einmal mit der Frage: Warum? Warum gerade ich? Diese klagende (und anklagende) Frage darf nicht überrannt werden; denn der Mensch ist ein Wesen, das verstehen will. Ohne die Phase der Klage droht der leidende Mensch von der dumpfen und stummen Apathie verschluckt zu werden. Aber diese klagende Warum-Frage führt selten weiter, weil unsere Antworten immer hoffnungsloses Stückwerk bleiben. Wer von der Warum-Frage nicht loskommt, läuft Gefahr, sich in sein Leiden einzukapseln und unaufhörlich mit Gott und der Welt zu hadern.

Erst wenn es dem Leidenden gelingt – und zu diesem Gelingen müssen wir einander helfen –, die Frage nach dem *Warum* allmählich in die Frage nach dem *Wozu* zu verwandeln, können sich Türen öffnen. Erst wenn der Leidende fragt: „Was soll und kann ich, nachdem mir das widerfahren ist, nun tun?", beginnt der Horizont sich aufzuhellen und können „Sinn-Inseln" in Sicht kommen. Der Leidende fängt an, an seinem Leiden zu arbeiten. Ein schmerzlicher, aber fruchtbarer Lernprozess kann beginnen. Am Ende dieses Kreuzweges hat er dann vielleicht in Abgründe geblickt und Erfahrungen gewonnen, die den glücklichen Machern ewig verborgen bleiben. Er ist reifer und weiser geworden.

Allerdings ist unsere Zeit diesem „Lernen aus Leiden" nicht gerade förderlich. Vermutlich ist die von Horst Eberhard Richter Ende der 70er Jahre diagnostizierte verborgene Krankheit des Westens, „nicht leiden zu können", noch nicht überwunden. Unsere dem Jugendkult verschriebene Spaßgesellschaft vermag im Leiden kaum eine Chance zu sehen. Alle Zeichen des Älterwerdens und des Verfalls werden kaschiert, weggeschminkt, wegoperiert. Falten in unserem Gesicht, Zeichen des Altwerdens, aber auch Zeichen, dass wir gelitten (und gelacht) haben, sind verpönt und werden geliftet. Leidfreie ewige Jugend wird vorgetäuscht.

In Gegenwart anderer zu weinen, galt lange als ungehörig; als wohlerzogner Mensch wollte man doch den anderen nicht in Verlegenheit bringen. Nur bei Beerdigungen waren Tränen erlaubt. Erst langsam beginnen wir – nicht zuletzt unter dem Einfluss des Feminismus – das befreiende Weinen neu zu entdecken, das in der patriarchalen Kultur verpönt war und manch einen „harten Mann" krank gemacht hat. Noch sind die erschütternden Worte von Fritz Zorn in seinem Buch *Mars* nicht ganz verklungen: „Obwohl ich noch nicht wusste, dass ich Krebs hatte, stellte ich intuitiv bereits die richtige Diagnose, denn ich betrachtete den Tumor als ‚verschluckte Tränen'. Das bedeutete etwa so viel, wie wenn alle Tränen, die ich in meinem Leben nicht geweint hatte und nicht habe weinen wollen, sich in meinem Hals angesammelt und diesen Tumor gebildet hätten, weil ihre wahre Bestimmung, nämlich geweint zu werden, sich nicht hatte erfüllen können ..."[25] Ohne Tränen sein heißt in einer ausdrucksarmen und gefühlsunfähigen Kultur leben. Das sogenannte dunkle Mittelalter kannte noch die Bitte um die göttliche Gabe der Tränen...

Unsere am Gesundheitswahn leidende Spaßgesellschaft kann nicht mehr leiden, weil sie im Leiden nur Negatives zu sehen vermag. Am Leiden wird nicht gearbeitet; es wird verdrängt, notfalls durch Antidepressiva und Alkohol. Leiden wird elegant gemieden: Die schwierige Ehe wird rasch und glatt geschieden, sodass möglichst keine Narben bleiben und aus der missglückten Beziehung nichts gelernt wird. Kranke, Behinderte, Leidende und Sterbende kommen oft schnell aus dem Haus und werden Heimen und Spitälern anvertraut – zuweilen durchaus mit guten Gründen. Ein selten eingestandener Hauptgrund ist aber wohl unsere eigene Angst, mit unserem eigenen drohenden Verfall und unserem Sterben konfrontiert zu werden. So wird das Leiden und Sterben von vertrauten Menschen selten mehr unmittelbar und sinnlich wahrgenommen: Wir hören nicht mehr das Röcheln und Stöhnen des Sterbenden, wir berühren nicht mehr die kalte Hand des Toten. Der Mensch, der eine solche Art von Leidfreiheit sucht, entwickelt eine Berührungs- und Beziehungsangst, die ihn von der Wahrheit des wirklichen Lebens abschneidet.

Es muss uns zu denken geben, dass die am weitesten entwickelten Industrienationen, die die Leidlosigkeit geradezu in ihr System eingebaut haben, die höchsten Selbsttötungsquoten der Welt haben. In der kleinen, bestens durchorganisierten Schweiz verabschieden sich jährlich 1400 Menschen „freiwillig" aus der Welt (täglich mehr als drei vollendete Suizide, die Zahl der Versuche ist um ein vielfaches höher). In einer Kultur, in der es selbstverständlich ist, dass man nicht leidet, entwickelt sich eine Wahrnehmungsunfähigkeit für jedes Leiden, sowohl für das eigene wie für das der anderen. Es sieht so aus, als sei damit auch die Intensität des Lebens verloren gegangen, als könnten Glück und Freude nicht mehr intensiv erlebt werden; das Leben verliert an Tiefe.

Hier ist allerdings sogleich ein kräftiges B-Moll fällig: Es wäre nicht nur unchristlich, sondern zynisch, vermeidbares Leiden nicht abzuschaffen mit dem Hinweis, am Leiden wachse der Mensch. Alle Leiden, die wir Menschen aus Egoismus oder Gleichgültigkeit, aus Bosheit oder Dummheit einander zufügen, sind grundsätzlich vermeidbar. Diesen unheiligen Leiden gegenüber gilt Widerstand und Kampf, und die Rede vom Leiden als Schule des Lebens hat zu schweigen.

Aber es gibt andere, unvermeidbare Leiden, die zur Conditio humana gehören, weil wir zeitliche und sterbliche Wesen sind. Es gibt kein menschliches Reifen ohne bewusste Auseinandersetzung mit diesen alltäglichen schmerzlichen Abschieden und Angst machenden Neuanfängen. Hinzu kommen Unglücksfälle und unvermeidbare Krankheiten. Sogar in einer schlimmen Krankheit kann eine positive und verwandelnde Kraft liegen, sodass wir – nicht im Augenblick des Leidens, wohl aber im Nachhinein – sagen können: Jene schlimme Zeit war eine Zeit der Gnade, sie hat mir die Augen geöffnet und mir ein ganz neues Gefühl für die Kostbarkeit der Zeit geschenkt. Jetzt lebe ich viel bewusster als früher. Ich habe etwas von jener geheimnisvollen Wahrheit erahnen können: Wir werden nur reich, indem wir loslassen.

Zwar ist noch lange nicht jede Krankheit besiegt, aber in jeder Krankheit liegt die Chance, „dass der Mensch die Situation von Leiden und Ohnmacht von innen her aufbricht, ihre Negativität durch Realisierung von Einstellungswerten überwindet und dass in einem Wandlungs- und Reifeprozess sein Leben trotz bleibender physischer Beeinträchtigung an Seinsfülle gewinnt – dass der Kranke also heiler wird, als er in gesunden Tagen war", schreibt die Psychoanalytikerin Maria Bührer.[26]

Dieses „Heilwerden durch Krankheit" begegnet uns oft in besonders liebenswürdigen Menschen, die durch viele Leiden hindurchgegangen sind: Sie besitzen wahre Weisheit und weise Menschlichkeit. Weil sie sich ihrer Gefühle nicht mehr schämen, sind sie sensibler für die Gefühle anderer, kennen Betroffenheit und Gelassenheit, Zärtlichkeit und Verletzbarkeit. Ihr Mitleiden demütigt die andern nicht, und ihre Mitfreude ist ohne Falsch.

Die Stoiker, eine philosophische Schule des Altertums, die sich über alles Leiden erhaben wähnte, lehnten denn auch das Mitleiden mit den Leidenden ab. Der Stoiker kennt kein Leiden, aber auch kein Mitleid.

Ein durch Leiden reif und frei gewordener Mensch fordert uns Bewunderung und Hochachtung ab: so etwa, wenn die kolumbianische Politikerin Ingrid Betancourt, die von Guerilla-Kämpfern in den Dschungel entführt wurde und sechs Jahre lang schlimmste Entbehrungen und Todesängste durchlitt, nach ihrer Befreiung sagen konnte: „Ich habe im Dschungel die Furcht verloren. Ich bin spiritueller geworden, hänge weniger an den irdischen Dingen. Ich glaube, dass ich heute ein wirklich freier Mensch bin. Ich spüre kein Bedürfnis nach Rache."

Nicht zu Unrecht spricht deshalb die (westliche) Menschheit in fast allen ihren Sprachen von der „Schule des Leidens" – oder mit den alten Römern: Per aspera ad astra! („Durch Leiden zu den Sternen"). Das Christentum hat etwas von dieser Wahrheit aufgenommen in seiner Rede vom Leiden als göttlicher Medizin. Allerdings hat es dann – wie wir gesehen haben – diese Wahrheit wieder verdunkelt, indem es Gott gelegentlich wieder zu einem „schwarzen Pädagogen" erniedrigte.

Durch Leiden reif werden, aus Leiden lernen – gewiss! Großartige Dinge – gerade auch in der Kunst – werden oft im Leiden geboren. Denken wir nur an Gestalten wie Franz Schubert, Friedrich Nietzsche oder Heinrich Heine, die sich jeweils über Jahre unter schwersten Krankheitsanfällen einige ihrer besten Werke abgerungen haben; an den verarmten Wolfgang Amadeus Mozart, der uns noch auf dem Sterbebett sein großartiges unvollendetes Requiem geschenkt hat; an den trotz ständiger beschämender Geldnot und Erfolglosigkeit unfassbar produktiven Vincent van Gogh; schließlich an den unglücklichen Heinrich von Kleist, der sich für seine heute unsterblichen Dichtungen zu Lebzeiten vergeblich nach Anerkennung verzehrte und über sein selbstgewähltes Lebensende den Satz stellte: „Die Wahrheit ist, dass mir auf Erden nicht zu helfen war."

Doch auch dieser „Griff" (aus Leiden lernen) bleibt wackelig, gibt keine letzte Sicherheit und kann nicht immer vor dem Absturz bewahren. Ist dieses „Lehrgeld" bisweilen nicht zu hoch? Der amerikanische Rabbiner Harold Kushner gibt uns dafür ein eindrucksvolles Beispiel. Kushner verlor seinen 14-jährigen Sohn Aaron durch eine unheimliche Krankheit, die Aaron als 12-Jährigen bereits wie einen Greis aussehen ließ. Der Vater zieht in seinem Buch *Wenn guten Menschen Böses widerfährt* eine ehrliche Bilanz: „Ich bin ein mitfühlenderer Mensch, ein Pfarrer mit mehr Ausstrahlung, ein besserer Ratgeber durch Aarons Leben und Tod geworden, als ich ohne ihn je hätte sein könne. Ich gäbe diese Vorzüge aber in einer einzigen Sekunde wieder zurück, wenn ich meinen Sohn dafür zurückhaben könnte. Wenn ich die Wahl hätte, würde ich alle geistige Größe und Tiefe, die mir durch meine Erfahrungen zuteilgeworden ist, von mir werfen, um nur das zu sein, was ich vor 15 Jahren war: ein durchschnittlicher Rabbiner, ein mittelmäßiger Ratgeber, der einigen helfen kann und anderen nicht, und der Vater eines heiteren, glücklichen Jungen. Aber ich habe keine Wahl."[27]

Welcher Vater, welche Mutter würde dem Rabbi nicht zustimmen? Zudem ahnen wir alle, dass im Leiden auch Scheitern, ja ein völliges Zugrundegehen liegen kann. Vielleicht kennen wir Menschen oder gehören selbst zu ihnen, die ihr Leid bitter, hart, böse und voller Hass gemacht hat. Es wäre naiv zu meinen, dass das Leben einem nur so viel zumutet, wie man ertragen kann. Es gibt genug Menschen, die am Leid zerbrochen sind, ihr Leben weggeworfen haben, an Gott irre geworden sind.

Es gibt ein *Übermaß* an Leiden, aus dem nichts mehr gelernt werden kann. Vielleicht können die Überlebenden einer Katastrophe etwas lernen, nicht aber die Opfer. Was sollen z. B. am Hunger sterbende Kinder lernen? Was sollen in selbstzerstörerischer Psychose Dahinvegetierende lernen? Was sollte einer, der nach einem Unfall nicht mehr aus dem Koma aufwacht, lernen? Was hätten die in die Gaskammern Getriebenen noch lernen können? Dieses Übermaß an Leiden können wir nur gemeinsam dem Licht von Ostern entgegentragen.

3. Einander im Leid trösten, oder: Von der Wichtigkeit des Trostes

Den dritten „Griff" finden wir in der paulinischen Aufforderung: „Einer trage des andern Last".

„Ich war hungrig – hast du mir zu essen gegeben? Ich war durstig – hast du mir zu trinken gegeben? Ich war krank – hast du mich besucht? Ich war Flüchtling in deinem reichen Land – hast du mich aufgenommen? Ich war im Gefängnis – bist du zu mir gekommen?" (vgl. Mt 25,31–46). Im armen, kranken, hungernden, verfolgten, gefangenen Menschen will der Weltenrichter uns begegnen, will Gott von uns gefunden und getröstet werden. In dieser Trost spendenden Zuwendung zum Kleinsten und Ärmsten werden wir Jüngerinnen und Jünger Jesu, oder mit Paulus gesagt: „Einer trage des anderen Last; so werdet ihr das Gesetz Christi erfüllen" (Gal 6,2).

Es ist noch nicht lange her, da war das Wort Trost unter zünftigen Theologen verpönt. Die Rede vom Trost wurde gemieden wie eine Schwester, deren man sich schämte.

Diese Verketzerung des Trostes ist nicht weiter verwunderlich, haben doch gerade Christen immer wieder Leidende mit einer billigen Jenseitsvertröstung abzuspeisen versucht. Umso dringlicher ist es heute, den echten Trost, der nicht von der wohlfeilen Sorte ist, wieder zu rehabilitieren – jenen Trost, der durch alle Ikonoklasmen hindurchgegangen ist, also nichts mehr hat von naiver Flucht ins schöne Bild, nichts von unguter Heroisierung und der um die Härte des Daseins weiß.

Trösten ist eine schwierige Kunst, und sich trösten lassen nicht weniger – und dabei gehört das Trösten zum Schönsten, was wir Sterbliche einander zu schenken vermögen, auch wenn es oft nur wenig ist. Wer trösten will, muss zuerst einmal den Leidenden ernst nehmen und seinen Schmerz nicht durch Floskeln wie „Kopf hoch, das Leben geht weiter" oder „Es wird alles wieder gut!" zu verkleinern suchen. Wer den Schmerz des Leidenden ernst nehmen will, muss eingestehen: Ich kann dir nicht zurückgeben, was du verloren hast; ich kann dir nicht wegnehmen, was dich weinen lässt, aber ich bin bei dir! Echter Trost verscheucht das Leiden des Leidenden nicht, aber der Tröster tritt zum Leidenden hinzu, hält durch seine Person einen Raum offen, der vielleicht noch offen bleiben muss, und versucht, durch behutsam redendes Schweigen dem Leidenden eine Gegenwelt zu eröffnen, in der Bestand hat, was ihn jetzt leiden lässt. Der Tröstende füllt durch sein mitleidendes Dabeisein die Zeit des Leidenden aus, ohne sie zu verkürzen; er hält eine Hoffnung wach, die dem Leidenden im Augenblick nicht möglich ist; er betäubt den Schmerz des Leidenden nicht, vermag aber durch das treue Dabeisein den Schmerz des Leidenden zu mindern. Wenn wir der Versuchung widerstehen, vor trostlos Weinenden davonzulaufen, ehren wir ihren Schmerz und trösten ohne viele Worte.[28]

Allerdings: Das Ausmaß des Entsetzens, die Unermesslichkeit der Trauer und Trostlosigkeit, die Vielfalt des Leidens in der großen Welt – aber auch in unserer nächsten Nähe – scheinen in keinem Verhältnis zu stehen zu den kleinen Möglichkeiten, einander zu trösten. Wir müssten denn auch oft mutlos unsere Hände sinken lassen, wären wir nicht getragen von der großen Hoffnung, dass Gott am Ende der Tage alle Tränen trocknen wird (vgl. Offb 21,4). Diese eschatologische Hoffnung gibt uns den Mut und die Ausdauer, das hier und heute Notwendige zu tun. Gott hat noch andere Hände als die unsrigen – aber er will hier und jetzt durch unsere Hände die Leidenden trösten und sie nicht nur aufs Jenseits vertrösten.

Leiden führt in die Vereinsamung und Isolierung. Leiden erzeugt oft Gefühle der Ohnmacht, bisweilen gar der Scham (Aids!). Trösten heißt, den Leidenden zu verstehen zu geben, dass sie nicht allein sind mit ihrem Leiden. Unsere Möglichkeiten, den Leidenden zu zeigen, dass wir sie begleiten, sind sicher beschränkt, wenn es um Leiden geht, die weit weg sind. Aber tun wir, tut die Kirche das uns, das ihr Mögliche?

Leihen die Christen, leihen die Kirchen ihre Stimme denen, die keine Stimme haben, weil sie zu den Vergessenen dieser globalisierten Welt gehören? Schreien wir für die, deren Schreie niemand hört, weil sie hinter den schalldichten Türen der Folterzellen dieser Welt geschrien werden? Protestieren wir, protestieren unsere Kirchen energisch genug gegen die Verletzung der Menschenrechte in Nord und Süd? Ist unser Protest – oft das Einzige, was uns bleibt – laut und vor allem glaubwürdig genug, dass unsere geschundenen Schwestern und Brüder in dieser gemarterten Welt fühlen: Wir sind nicht allein?

Dieser *verbale* Trost kann immer wieder in eine unverbindliche Rhetorik abgleiten, und doch ist es den Herrschenden in Europa, in Nord- und Südamerika nicht gleichgültig, auf welcher Seite die Kirche steht: Leiht sie ihre Stimme den Ohnmächtigen, oder heult sie mit den Wölfen? Mag auch der Einzelne hierzulande sich hilflos und ohnmächtig fühlen angesichts der Misere der Welt, so kann und soll er sich doch informieren und wird dann vielleicht sein Konsumverhalten ändern, seine Freizeit einer Dritte-Welt-Gruppe zur Verfügung stellen, sich in einer Friedensgruppe engagieren. Einer trage des anderen Last. Die Antwort des Kain: „Bin ich denn der Hüter meines Bruders?" lässt Gott nicht gelten.

Und wie steht es mit dem Leiden in unserer nächsten Nähe, im Haus nebenan, in der Wohnung unter mir? Haben wir genug Einfühlungsvermögen, um uns vorzustellen, was es für den Betroffenen und seine Familie heißt: Wir haben ein schwerstbehindertes Kind, unser Sohn nimmt Drogen, meine Frau ist seit Jahren querschnittsgelähmt? Sind wir uns bewusst, wie viel Leid hinter diesen Sätzen steht? Erst wenn wir das Ausmaß des Leidens zu sehen vermögen, können wir trösten und helfen. Dieser Trost und diese Hilfe können dann vielfältige Formen annehmen:

- So brauchen unsere spastisch gelähmten Kinder nicht unsere Tränen, sondern unsere Fröhlichkeit, keine Leidensmiene, sondern die Herzhaftigkeit eines Menschen, der mit ihnen lustig und übermütig sein kann.
- An einem Sterbebett hingegen bleibt uns oft nichts anderes übrig, als einander stumm die Hand zu halten und in diesem scheinbar ohnmächtigen Dabeisein treu auszuharren.
- Wieder andere brauchen unsere Tränen, unser Mitklagen und Mitweinen. Es kann aber auch Trost darin liegen, „nicht nur zu weinen, sondern auch einmal schreien und verzweifelt sein zu dürfen, den Mut zu verlieren und nicht weiterzuwissen" (Marielene Leist).
- Trösten heißt auch: die anderen nicht überfordern mit unerfüllbaren Erwartungen, nicht urteilen und verurteilen, keine fertigen Antworten bereithalten, sondern zuhören, zu verstehen suchen und vor allem Zeit füreinander haben.
- Trösten können wir auch, wenn wir Begegnungen ermöglichen zwischen Behinderten und Nichtbehinderten, wenn wir die Welt der Behinderten aufschließen, indem wir Spielgefährten mobilisieren, einem Blinden ein Buch vorlesen usw. Trost kann auch darin liegen, dass wir einen Kranken an unserer Welt teilnehmen lassen, indem wir von unseren Erfahrungen erzählen, aber auch, indem wir zuhören und verstehen lernen, wie anders seine Welterfahrung und Weltwahrnehmung ist, die einen Reichtum birgt, von dem wir Gesunden nichts ahnen. Es ist

ja keineswegs nur so, dass Gesunde Kranke trösten; auch das Umgekehrte ist oft der Fall. Mehr als einmal habe ich mich voll Angst zu einem Krankenbesuch aufgemacht, weil ich nicht wusste, was ich dem jahrelang Gelähmten sagen sollte, und was ist geschehen: Ich bin getröstet von ihm geschieden. Ein Kranker, der sein Leiden akzeptiert hat, kann eine Ruhe, Gelassenheit und Zufriedenheit ausstrahlen, die dem Gesunden Mut und Trost schenkt.

Irene Häberle – selbst schwerstbehindert – hat recht, wenn sie dem Behinderten eine prophetische Aufgabe zuweist: „Behinderte Menschen erinnern uns alle an unser eigenes Menschsein. Sie führen jedermann die Begrenztheit und Hinfälligkeit des Menschen vor Augen. Dies trifft im Besonderen auch die Erfolgreichen, die Starken, die Gesunden, die Schönen und die Tüchtigen."[29] Erinnern wir uns an das weltweite Befremden, wenn nicht Kopfschütteln über den kranken Papst Johannes Paul II., der kaum noch verständlich sprechen konnte und doch nicht von seinem Amt zurückgetreten ist. Hat der kranke Papst nicht gerade durch sein Aushalten bis zum Ende allen Kranken und Leidenden zu verstehen gegeben, dass die Würde des Menschen nicht von seiner Gesundheit und Leistungsfähigkeit abhängt? Gebrechliche und behinderte Menschen zeigen uns, dass der Mensch *letztlich* nicht von seiner Leistungsfähigkeit lebt, sondern dass wir alle nur bestehen können, wenn wir von einem unendlichen Ja getragen werden, das uns unabhängig von unserer Leistung und unserem Erfolg zugesagt wird. An dieses unbedingte Ja – in jeder Situation – glauben Christen und Christinnen, wenn sie an Gott glauben.

Gott hat uns Hände gegeben, damit wir sie einander reichen und zärtlich miteinander umgehen. Gott hat uns Arme gegeben, damit wir einander in den Arm nehmen. Gott will durch unsere Hände, unser Herz, unsere Phantasie Leidende trösten und sie nicht einfach aufs Jenseits vertrösten.

4. Kreuzesnachfolge heute, oder: Widerstand und Ergebung

Der vierte „Griff" findet sich, wenn wir uns auf das bekannte Wort Jesu besinnen: „Wer mein Jünger sein will, der verleugne sich selbst, nehme sein Kreuz auf sich und folge mir nach" (Mk 8,34).

Dieses schwere Wort Jesu wurde Christen und Christinnen von Kindesbeinen an im Religionsunterricht und in Predigten, bischöflichen Hirtenbriefen und päpstlichen Ansprachen so lange eingeprägt, bis es schließlich zu einer wohlfeilen Formel verkommen ist: „Schau auf Jesu Kreuz, und trag dein Kreuz in Geduld!" Darf der Christ sich denn nicht gegen das Leiden wehren? Muss eine Christin jedes Leiden in Geduld tragen, ohne Auflehnung und Widerstand? Hat vielleicht Gott selbst Freude an Schmerzen und Blut? Die Antwort auf diese Fragen hängt davon ab, wie wir das Kreuz Jesu zu verstehen haben. Das jeweilige Verständnis beeinflusst dann auch unsere Rede von der Kreuzesnachfolge. Wer – wie Anselm von Canterbury im 11. Jahrhundert – glaubt,

Gott habe seinen Sohn ans Kreuz geschickt, um durch diesen grauenvollen Tod seine von uns beleidigte Vaterehre sühnend wiederherzustellen, wird Kreuzesnachfolge anders verstehen als ein Christ, der glaubt, dass Jesus gekreuzigt wurde, weil seine Frohbotschaft den Widerstand der Frommen und Orthodoxen seiner Zeit herausgefordert hat.

Nur diese zweite Möglichkeit scheint mir glaubwürdig. Nicht Gottes durch unsere Sünden verletzte Ehre musste durch Jesu Kreuz gesühnt werden, nicht Gott musste auf Golgota besänftigt werden. Vielmehr musste der verlorene Mensch befreit werden von seinen selbstgebastelten Gottesbildern des „beleidigten Vaters", des „strengen Richters", der nach dem menschlichen Schema „Lohn gegen Leistung" belohnt oder bestraft. Der christliche Gott ist ganz anders, als diese unsere archaischen Phantasien es wollen: Er ist Liebe – und sonst nichts. Allerdings eine Liebe, die Wahrheit, Macht und Recht in ihrem semantischen Feld mit einschließt *und* sie gleichzeitig übersteigend verwandelt.

Dieser Gott – Torheit für die menschliche Vernunft – will nicht ohne uns Gott sein. Er sucht Mitliebende, die er an seinem Glück teilhaben lassen will.

Wie ging Gott ans Werk, um uns als Mitliebende zu suchen und zu finden? Er hat sich ein Volk – stellvertretend für alle Völker dieser Erde – erwählt, um in einem langen Lernprozess (die Theologen reden von Offenbarung) seinem Volk kundzutun, dass er Freundschaft wolle zwischen ihm und den Menschen. Dieser lange Weg der Offenbarung war durch viele Missverständnisse unsererseits gekennzeichnet. Nachdem Israel die gute Nachricht, die Gott durch Gesetz und Propheten geschickt hatte, immer wieder missverstanden hatte, reagierte Gott mit noch größerer Liebe. Er ließ alle Mittler (Gesetz und Propheten) weg und schickte seinen Sohn, den Juden Jesus von Nazaret, um uns zu sagen, dass er für uns alle Leben in Fülle wolle (vgl. Joh 10,10): Freiheit für alle, Gerechtigkeit für alle, Hoffnung für alle, besonders für die Kleinen, Armen, an den Rand Gedrängten. Der Sohn Jesus hat diese auf Menschlichkeit bedachte Gottesherrschaft durch seine neue Praxis und seine Gleichnisse unter seinen Zeitgenossen *Ereignis* werden lassen. Die Frommen und Orthodoxen empfanden Jesu unerhörte Frohbotschaft (Gott will sogar mit Sündern etwas zu tun haben!) als Bedrohung, gar als Gotteslästerung und haben den Boten der Liebe Gottes liquidiert. Wäre Jesu Grundton drohend gewesen, wäre Jesus überhaupt nicht originell. Anderen mit Gott drohen, andere mit Gott einschüchtern, das ist die natürlichste Sache der Welt, wie uns die Kirchengeschichte lehrt. Jesu Grundton war anders – und ist vorher und nachher in unserer Geschichte so nicht mehr erklungen. Auch die Kirche hat immer wieder versucht, schalldämpfende Wände aufzurichten, damit dieser gefährliche Grundton Jesu nicht allzu laut werde. Man muss Jesu Gegnern ein Kompliment machen, weil sie das Gefährliche und Subversive an Jesus nur zu gut herausgehört haben und ihn deshalb zum Verstummen gebracht haben. Eine Drohbotschaft (wie sie noch Johannes der Täufer verkündete) wäre für sie nicht so gefährlich gewesen, denn von Einschüchtern und Angstmachen haben seine Gegner (und viele ihrer kirchlichen Nachfolger) viel verstanden. Jesu Frohbotschaft aber – sie war gefährlich, wie es für jedes religiöse System gefährlich ist, wenn den Kleinen und Armen die Angst genommen wird. So geriet Jesus durch seine Frohbotschaft mit den religiösen und politischen Führern auf Kollisionskurs, weil sie durch diese unerhörte Botschaft ihre geistigen und materiellen Privilegien wegschwimmen sahen. Jesus wurde im Namen Gottes von der Orthodoxie als Gotteslästerer verurteilt. Nicht ein Sittenstrolch oder ein Terrorist hat Jesus umgebracht, sondern Jesus ist von Orthodoxen im Namen *ihres* Gottes umgebracht worden.

Angesichts des Unglaubens geriet Jesus in eine Situation, die ihm nur zwei Möglichkeiten offen ließ: entweder der Botschaft seines Vaters treu zu bleiben, auch wenn das seinen Tod bedeutete, oder die Botschaft seines Vaters zu verraten. Jesus blieb seiner Botschaft treu und ging im vollen Vertrauen auf seinen Vater den Weg ans Kreuz, auch wenn dieser Weg ihn ängstigte, wie sein Gebet am Ölberg zeigt. Durch diesen letzten Liebesdienst gab Jesus uns zu verstehen: Wenn ihr meinen Worten nicht glaubt, so glaubt doch, wenn ich mich kreuzigen lasse für diese Botschaft: Gott ist Liebe, er will euer Glück! (Dass bei den Römern andere Motive für Jesu Kreuzigung mitspielten – Jesus als politischer Unruhestifter – ist damit nicht geleugnet.) Am Karfreitag steht Gott gegen Gott: der Gott Jesu gegen den Gott seiner Gegner. Im Namen seines Gottes hat Jesus getan, was er getan hat, und im Namen ihres Gottes haben seine Gegner ihn umgebracht. Durch Jesu Auferweckung gab Gott Jesus recht: Ich bin so, wie Jesus in Wort und Tat gezeigt hat, und nicht ihr habt recht, die ihr ihn in meinem

Namen umgebracht habt. Sünde ist johanneisch gesprochen Unglaube. Und worin besteht dieser Unglaube? Darin, dass wir nicht glauben wollen, dass Gott Liebe ist. Jesus ist *für uns* gestorben, damit wir endlich glauben, dass Gott uns das Glück gönnt.

Diese Überlegungen erlauben es nun, zwei Probleme zu präzisieren.

Erstens: den oft missbrauchten Opferbegriff im Zusammenhang mit Jesu Kreuzestod. Jesu Kreuzesopfer ist nicht – wir haben es schon gesagt – der Preis, der dem Vater für seine angeblich verletzte Ehre bezahlt werden musste! Was wäre das für ein Gott, der mit Schmerzquanten besänftigt werden müsste? Es wäre sicher nicht der bedingungslos liebende Vater, wie Jesus ihn uns im Gleichnis vom „verlorenen Sohn" so plastisch vor Augen führt. Opfer meint Selbsthingabe im Horizont der Liebe. Opfer meint Dasein für andere, sodass diese anderen zu sich selbst, zu ihrer Wahrheit finden. In diesem Sinn war das ganze Leben Jesu Opfer, das heißt Dasein für andere, und das Kreuz war die Radikalisierung dieser Pro-Existenz. Das heilsgeschichtliche „Muss" („Musste nicht der Messias all das erleiden, um so in seine Herrlichkeit zu gelangen?" – Lk 24,26) liegt nicht aufseiten Gottes, sondern in der *Faktizität* des menschlichen Widerstandes, des menschlichen Unglaubens, der bewirkte, dass Jesus nur noch durch den Weg ans Kreuz seiner Frohbotschaft treu bleiben konnte. Ernst Bloch, der jüdische Philosoph, hat in diesem Punkt etwas verstanden, was nicht alle Christen verstanden haben: „Das Kreuz ist die Antwort der Welt auf die christliche Liebe."

Zweitens: Wenn die *historischen* Gründe, die Jesus ans Kreuz geführt haben, vergessen werden, wird das Kreuz zum abstrakten Symbol, und das Leiden wird – als gottgewollt – heiliggesprochen. Nicht Widerstand gegen das Leiden, sondern geduldiges Sich-Ergeben ins Leiden wird dann gepredigt. Dagegen ist Widerspruch nötig, denn Leiden ist nicht an sich etwas Gutes und Gott Wohlgefälliges. Kreuzesnachfolge heißt deshalb heute zuerst einmal dies: Wir sollen uns wie Jesus dafür einsetzen, dass unsere Brüder frei, dass unsere Schwestern glücklich werden. Tun wir das aber – nicht in Utopien, sondern jeder an seinem Platz hier und heute –, dann geraten wir angesichts der Widerstände der Welt unweigerlich ins Leiden und ans Kreuz, wie Jesus. Unsere Brüder und Schwestern in totalitären oder von korrupten Clans regierten Ländern zeigen uns besonders drastisch, was Kreuzesnachfolge heißt: Weil der bekennende Christ und große evangelische Theologe Dietrich Bonhoeffer sich gegen die Verbrechen des Tyrannen Hitler aufgelehnt hatte, wurde er von den Nazischergen am Galgen aufgehängt. Weil der Bischof Óscar Arnulfo Romero in El Salvador sich für die Beleidigten und Getretenen eingesetzt hatte, wurde er am Altar erschossen von den Herrschenden, deren Kreise er störte. Weil der kolumbianische Priester Ivan Betancourt sich in Honduras für die Gerechtigkeit und Würde der ausgebeuteten Landarbeiter eingesetzt hatte, wurde er von den Großgrundbesitzern verhaftet und verhört, wurden ihm bei lebendigem Leib die Nase, die Ohren, die Zunge abgeschnitten, wurde er kastriert und am Schluss erstochen und in einen Brunnenschacht geworfen.

Weil der polnische Priester Jerzy Popiełuszko und die russische Journalistin Anna Politkowskaja sich für mehr Freiheit für ihre Schwestern und Brüder eingesetzt haben, wurden sie ermordet. Bonhoeffer, Romero, Betancourt, Popiełuszko, Politkowskaja – ihre Namen stehen hier stellvertretend für unzählige namenlose Christen in Geschichte und Gegenwart überall auf der Welt. Sie stehen in der Kreuzesnachfolge jenes Jesus, der von denen liquidiert worden ist, die nicht wollten, dass Gott ein Gott aller ist, ein Gott, der Freiheit für alle, Glück für alle, Gerechtigkeit für alle will. Für diese Leiden – im Dienst der anderen – gilt zuerst einmal das Wort des Paulus: „Jetzt freue ich mich in den Leiden, die ich für euch ertrage. Für den Leib Christi, die Kirche, ergänze ich in meinem irdischen Leben das, was an den Leiden Christi noch fehlt" (Kol 1,24).

Durch Jesu Auferweckung wurde das Kreuz nicht ausgelöscht, sondern wir haben zu lernen: Der Weg der *ohnmächtigen* Liebe ist der Weg, den die *Macht* Gottes in dieser Welt gehen will. Wer somit Jesu Jüngerin und Jünger sein will, der hat wie Jesus den Weg der ohnmächtigen Liebe zu praktizieren, auch wenn dieser Weg uns ans Kreuz führt. Die Auferstehungshoffnung gibt den Jüngern und Jüngerinnen Jesu aber die Gewissheit, dass das Scheitern das letzte Wort nicht behalten wird – mag auch Gott gegenwärtig schweigen, wenn unsere Schwestern und Brüder an vielen Orten dieser Welt ans Kreuz müssen, wie Gott damals geschwiegen hat, als Jesus ans Kreuz ging.

Kreuzesnachfolge heute geschieht zweitens aber auch dann, wenn wir etwa von einer unheimlichen Krankheit befallen oder von einem Unglücksfall getroffen werden. Auch so kommen wir ans Kreuz und können oft nur noch mit dem sterbenden Jesus schreien: „Mein Gott, warum hast du mich verlassen?" Wo Gott sich angesichts so großen Leidens ins Dunkel entzieht, da bleibt uns Christen und Christinnen nur eines übrig: einander betend in jenen klagenden Schrei hinüberzuhelfen: „Dein Wille, Herr, geschehe, auch wenn ich nicht verstehe." Wo das Einschwingen in diesen Schrei gelingt, da ist auch dem fürchterlichsten Leiden sein Stachel gezogen, da geschieht christliche Ergebung – oder eben: Kreuzesnachfolge.

Herbert B. erfuhr am Telefon, dass er Vater eines Jungen geworden sei. Als er seine Frau in der Geburtsklinik besuchen wollte, nahm ihn die Stationsschwester beiseite und führte ihn in ein Zimmer, von dem aus er durch eine Glasscheibe seinen Sohn sah. Ganz sachlich erklärte ihm der Arzt: „Ihr Kind ist ohne Ohren geboren; es kann auch nicht schlucken. Sein Mund öffnet sich nur zu einem winzigen Spalt, kirschkerngroß! Sein Kieferknochen ist verkürzt. Wir müssen sofort operieren. Sie müssen auch damit rechnen, dass Ihr Kind mongoloid ist." Der Vater sah das verunstaltete, hässliche Gesicht. Er wollte es nicht wahrhaben, dass dies sein Sohn sein sollte. Herbert B. ging zu seiner Frau. Sie weinten zusammen und stellten immer wieder die Frage: Warum? Warum gerade wir? Sie überlegten, ob etwas Auffälliges während der Schwangerschaft gewesen sei, ob in ihrer Familie so etwas schon einmal vorgekommen sei. Aber sie konnten es sich nicht erklären, und auch die Ärzte konnten ihnen keine Erklärung geben.

Vierundzwanzig Stunden später kommt Herbert B. wieder ins Spital. Seine Augen leuchten wieder. Er sagt zu seiner Frau: „Mein Sohn soll leben. Er soll sehen, dass er einen Vater hat. Ich fürchte die anderen Menschen und das, was sie sagen werden, nicht mehr. Ich dachte immer wieder an einen Vers aus der Bibel: ‚Er hatte keine Gestalt und keine Schönheit, er war so verachtet, dass man das Angesicht vor ihm verbarg.' Und irgendetwas Besonderes, dachte ich, muss doch mein Kind zum Ausgleich auch haben."

Der Vater Herbert B. vermochte nach einer Nacht des Weinens und Ringens in seinem kranken, verunstalteten Kind den leidenden Gottesknecht (Jes 53), den geschundenen Jesus zu sehen – und konnte dieses grausame Los plötzlich annehmen. Diese Geschichte – sie stand in ihrer ausführlichen Form vor etlichen Jahren in der Wochenzeitung *Die Zeit* – ist ganz ungewöhnlich, denn im Normalfall geht die Annahme des Leidens nicht so schnell, sondern nur in einem jahrelangen, immer wieder neu zu bestehenden Kampf, in dem die Phasen der Verzweiflung und die des Mutes sich ablösen.

Wo immer es Menschen gelingt, durch Weinen, Klagen und Bitten hindurch schließlich Ja zu sagen zu dem, was Gottes unbegreifliche Liebe uns zumutet, da geschieht christliche Ergebung. Wo sie geschieht, geschieht immer ein Wunder, vor dem wir uns nur stumm und bewundernd verneigen können.

Exkurs:
Der Christusmord als Quelle des christlichen Antisemitismus, oder:
Wie sind die Juden am Tod Jesu beteiligt?

Das Kreuz Jesu, das unzähligen Christen geholfen hat, ihr Kreuz zu tragen, wurde freilich gleichzeitig zum Symbol des christlichen Antisemitismus. Denn für Christen aller Jahrhunderte galten die Juden, weil sie den Messias kreuzigen ließen, als Gottesmörder.

An dieser unglücklichen Entwicklung sind die Evangelien nicht unschuldig. Das Johannes-Evangelium nennt die Gegner Jesu schlicht und einfach „die Juden". Während aber bei Johannes mit „den Juden" vor allem die führenden Schichten des jüdischen Volkes, speziell die Tempelpriesterschaft, gemeint sind, hat die christliche Relecture des Johannes-Evangeliums „die Juden" mit dem jüdischen Volk zur Zeit Jesu, ja mit dem jüdischen Volk aller Zeiten identifiziert. Hinzu kommt der berüchtigte „Blutruf" im Matthäus-Evangelium: „Sein Blut komme über uns und unsere Kinder" (Mt 27,25). Diese angebliche Selbstverfluchung des jüdischen Volkes – dem säkularen Europäer vor allem bekannt durch die Matthäuspassion von J. S. Bach – suggerierte (und suggeriert) eine Kollektivschuld des jüdischen Volkes.

So verwundert es nicht, wenn alle Katastrophen, die über das jüdische Volk hereingebrochen sind – von der Zerstörung des Tempels im Jahre 70 über die zahlreichen Judenpogrome im Laufe der Geschichte bis hin zur Schoah – von nicht wenigen Christen als gerechte Strafe für den Gottesmord, als Auswirkung der Selbstverfluchung des ganzen Volkes während des Prozesses vor Pilatus verstanden worden sind.

Diese ressentimentgeladene Sicht ist inzwischen unerträglich geworden, und deshalb sind heutige Tendenzen vor allem bei ökumenisch engagierten Christen nur zu verständlich, den Kreuzestod Jesu in ein „Niemandsland" abzuschieben, wo die Verantwortung für diesen unschuldigen Tod im Nebel der Geschichte verschwindet. Damit aber raubt man Jesus und seinen Zeitgenossen die Wahrheit ihrer Geschichte, ihrer Verantwortung, ihrer Leiden und ihrer Schuld. Der Mensch hat aber, auch wenn er Schlimmes getan hat, ein Recht darauf, ernst genommen zu werden.

Auch der bekannte katholische Exeget Franz Mussner scheint in seinem berühmten *Traktat über die Juden*[30] dieser Entschuldigungsthese zu unterliegen. Er geht unter anderem aus von der Rede des Petrus in der Apostelgeschichte: „Nun, Brüder, ich weiß, ihr habt aus Unwissenheit gehandelt, ebenso wie eure Führer. Gott aber hat auf diese Weise erfüllt, was er durch den Mund aller Propheten im Voraus verkündigt hat: dass sein Messias leiden werde" (Apg 3,17–18). Mussner schließt daran die Vermutung an: Die Unwissenheit der Juden bestand „in der Unmöglichkeit, Jesus von Nazaret in seinem messianisch-göttlichen Geheimnis zu erkennen … Gott hat sie als ‚unwissende' Werkzeuge seines geheimnisvollen Ratschlusses benutzt – und der Ratschluss Gottes ist in der Bibel wesentlich mehr als ‚Zulassung' oder ‚Fügung'; er ist Verfügung. Gott hat es so verfügt, dass sein Messias leiden müsse."[31] Damit wird Gott zur „eigentlichen ‚causa' des gewaltsamen Todes Jesu, der seinen Sohn und Messias in den Tod ‚übergab', während die Menschen ‚aus Unwissenheit' handelten, weil sie eben das göttliche Geheimnis Jesu nicht zu sehen vermochten".³² Was aber wäre das für ein Gott, der seinen Sohn bewusst in den Tod schickt und die Menschen als *entmündigte* Werkzeuge benutzt? Wird diese Sicht dem wirklichen Geschehen damals gerecht?

Überzeugender argumentiert wohl Gottfried Bachl. Bachl fragt nicht: Haben die Juden Jesu Göttlichkeit erkennen können? Das ist eine dogmatische Frage, die sich zur Zeit des historischen Jesus so nicht stellte. Bachl fragt vielmehr: Waren die Zeitgenossen Jesu bereit, mit Jesus einen Weg zu gehen, auf dem Gott neu gelernt werden musste? Jesus hat nämlich innerhalb der jüdischen Tradition einen Prozess eingeleitet, in dem die bisherige Tradition und das traditionelle Gottesbild neu gelernt werden mussten. Jesus war in diesem Lernprozess Helfer, Mittler und Prophet zugleich. Allerdings: Die Entschiedenheit Jesu, seine an die Wurzel gehende, alles umgreifende Verwandlung des religiösen Klimas machte den Zeitgenossen das Lernen nicht leicht. Lernen, existenzielles Lernen, heißt ja Abschied nehmen vom Bekannten, heißt Aufbruch zu Neuem. Und wenn es um Revolutionen im Gottesbewusstsein geht, wird der Kampf besonders leidenschaftlich geführt. Deshalb war auch die Gewalt, die sich dem „Gott-neu-Lernen" widersetzte, besonders heftig. Die Juden waren in diesem Lernprozess unterwegs – unterschiedlich weit, unterschiedlich intensiv und mit sehr unterschiedlicher Anteilnahme. Die Verantwortung der Gegner Jesu, die ihn den Römern zur

Kreuzigung übergaben, liegt wohl in ihrer Weigerung, ihr Verhältnis zu Gott mit Jesus neu zu lernen. Das bewusste, gewaltsame Anhalten dieses Lernprozesses ist die Verantwortung am Tode Jesu. In dem Nichterkennen und Nichtwissen derer, die ihn auslieferten, steckt ein Wollen: Dieses Neue darf nicht kommen, und koste es auch Jesu Leben. Nur in dieser Perspektive des „Gott-neu-Lernens" beziehungsweise der Weigerung, mit Jesus von Nazaret den Gott Abrahams, Isaaks und Jakobs als den bedingungslos liebenden Vater neu zu lernen, kann wohl von Schuld und Verantwortung geredet werden.

Aber – und dieses „Aber" ist entscheidend im Blick auf den christlichen Antijudaismus – „Gott neu lernen", das ist heute so schwierig wie damals. Wer heute Jesu Gottesverständnis nicht nur im säkularen Westeuropa, sondern mitten in unseren etablierten Christentümern praktisch zum Zuge brächte, dem ginge es wohl nicht viel anders als Jesus damals; denn der Gott Jesu verlangt Verzicht auf Privilegien und Machtpositionen, auf Geheimnistuerei und Verschleierung, auf Urteilen und Verurteilen. Wir dürfen uns nicht einbilden, Jesu Gottesverständnis sei unter uns Wirklichkeit. Wir haben, was das „Gott-neu-Lernen" angeht – samt dem Widerstand dagegen –, den Juden nichts voraus: So sind wir wie damals die Juden und die Juden damals wie wir heute. Mensch bleibt Mensch. Den Juden einen speziellen Vorwurf machen kann wohl nur ein „Pharisäer" oder ein Heiliger. Der Heilige aber wird es nicht tun.

Damit wird klar: Es ist grob fahrlässig, heute noch mit dem (missverstandenen) johanneischen Ausdruck „die

Juden" um sich zu schlagen, wenn es gilt, das Maß der Verantwortung an Jesu Tod zuzuteilen. Theologische Genauigkeit ist gefordert. Die treibende Kraft bei der Verfolgung Jesu war sehr wahrscheinlich die sadduzäische Tempelpriesterschaft. Ihr gelang es, den Arm der römischen Besatzungsmacht für die Exekution Jesu zu gewinnen, indem sie den religiösen Prozess in einen politischen verwandelte, das heißt Jesus als Unruhestifter und Rebellen hinstellte. Es ist demnach falsch zu sagen, die Juden insgesamt hätten Jesus abgelehnt (alle seine Jünger und Anhängerinnen waren Juden) und seien in ihrem Bewusstsein Teilhaber der Exekution Jesu geworden, so als hätten die Behörden in Jerusalem nur vollzogen, was alle dachten und wollten. Genauer ist wohl dies: Jesus ist durch seine Sendung vor allem in Galiläa bekannt geworden. Er hat Jünger und Jüngerinnen aus allen Volksschichten gewonnen und eine große Anzahl von Sympathisanten in ganz Palästina gefunden, aber auch Enttäuschung und Widerstand hervorgerufen. Der tödliche Widerstand scheint von jener Gruppe gekommen zu sein, deren Interessen der Prophet aus Galiläa am meisten verletzt hat: die hohe Tempelpriesterschaft, die mit den Römern kollaborierte. Wie weit Pharisäer, Schriftgelehrte und das Volk Jerusalems zustimmend oder neugierig oder gleichgültig beteiligt waren, kann nur vermutet werden.

Aber dies alles ist – wir wiederholen uns – nichts spezifisch Jüdisches, sondern etwas ewig Menschliches. Die sadduzäischen Hohepriester leben in jenen kirchlichen Autoritäten weiter, die so gerne nach dem Staat rufen, damit er ihnen mit seinen Gesetzen ihre Moralvorstellungen durchsetzen helfe. Der Hoftheologe, der Gleichgültige, der Neugierige und Feige lebt auch in mir. Oder mit den Worten des *Katechismus der katholischen Kirche* (von Johannes Paul II. und Benedikt XVI.), der eine Formulierung aus dem Judendekret des Zweiten Vatikanums aufgreift: „Die Passion und der Tod Jesu können weder allen damals lebenden Juden ohne Unterschied noch den damals geborenen Juden anderer Länder und Zeiten zur Last gelegt werden. Jeder einzelne Sünder, das heißt jeder Mensch ist Urheber und Vollstrecker des Leidens des Erlösers."

Die Ursprünglichkeit und Originalität Jesu ist nicht gegen das Judentum gerichtet. Jesus war und ist Jude, tief hineinverflochten in die jüdische Tradition. Das Jesus-Ereignis ist – verkürzt formuliert – eine Art Höhepunkt des Judentums und kein von Anfang an geplanter Auszug aus dem Judentum. Anders verhält sich die Sache nach Ostern. Die Jesus-Bewegung löste sich mehr und mehr von der Synagoge, bis beide einen sich ausschließenden Gegensatz bildeten. Alle Kraft wurde darauf verwendet, das Eigene im Kontrast zum anderen festzuschreiben und durchzusetzen. Für die Juden wurde die Jesus-Bewegung zur irrenden Sekte. Für die Christen wurden die Juden zum Prototypen des Unglaubens, zum verstockten Feind, den Gott dann mit der Zerstörung des Tempels im Jahre 70 bestrafte. In diesem feindseligen Klima entstanden die Evangelien. So darf man den „Blutruf", den Matthäus als einziger Evangelist kennt, als „dogmatisches Theologumenon" deuten, „mit dem eindeutig der Römer Pilatus entlastet und das jüdische Volk belastet werden soll".[33]

5. Das klagende und anklagende Gebet

Auf einen fünften und entscheidenden „Griff" hat der Tübinger Theologe Karl-Josef Kuschel hingewiesen: „Das unschuldige Leiden ist nicht theoretisch zu verstehen, wohl aber praktisch zu bestehen. Und eine Form des praktischen Bestehens ist die Klage und Anklage."[34]

Im klagenden und anklagenden Gebet verlässt der Leidende die rationalistische, zeitlose und ohnehin wenig fruchtende Antwortsuche und wendet sich direkt an den geschichtsmächtigen Gott: „Warum, o Herr, verwirfst du mich, warum verbirgst du dein Gesicht vor mir?" (Ps 88,15) Ich schreie zu dir, du Unbegreiflicher! Ich lass dich nicht, auch wenn du schweigst, denn du allein kannst mir helfen!

Dieser Schrei aus der Tiefe nimmt nicht nur Gott ernst; er entspricht auch der Würde des Menschen. Zu meiner Würde als Mensch gehört es, mich gegen das zu wehren, was mich vernichtet. Der Gott Jesu will keine Knechte, sondern Freunde (vgl. Joh 15,15), die dem Freund ins Angesicht sagen, was zwischen Freunden nicht stimmt. Mit Gott kämpfen heißt: ihm die höchste Anerkennung zollen. Der Leidende nimmt Gott ernst, denn er glaubt, dass Gott allein ihm noch helfen kann.

Hier kommen wir – mit anderem Akzent – unweigerlich auf den bereits ausführlich besprochenen alttestamentlichen Ijob zurück. Ijob wendet sich mit seinen Klagen und Anklagen gegen Gott, aber er wendet sich nicht von ihm ab; er schreit gegen Gott, aber er sagt sich nicht von Gott los. Weil er Gott liebt, findet er sich nicht mit dem Gesicht ab, das Gott ihm gegenwärtig zeigt. So zeigt sich im Protest *gegen* Gott – *vor* Gott – vielleicht das intimste Moment des Glaubens. Dieser Schrei gegen Gott (vor Gott) ist dem Alten Testament selbstverständlich, wie uns nicht nur Ijob, sondern auch unzählige Klagepsalmen und Klagelieder zeigen; und auch Jesus starb mit dem Schrei: „Mein Gott, mein Gott, warum hast du mich verlassen?" Dieser klagende und anklagende Schrei ging im Laufe der Kirchengeschichte immer mehr verloren, weil es als pietätlos empfunden wurde, Gott anzuklagen. Sein Verschwinden bedeutete jedoch einen schweren Realitätsverlust des Glaubens, weil das Schreckliche und Unbegreifliche aus der Gottesbeziehung herausfiel. Schon der Jakobusbrief (5,11) versuchte den klagenden und anklagenden Ijob zum jammernden Dulder zu verniedlichen. Und der sonst so lebensnahe Meister Eckhart konnte in einer Predigt sagen: „Klage nicht, klage vielmehr, dass du noch klagst."[35] Auch im katholischen Gebet- und Gesangbuch *Gotteslob* ist „die Dimension der Klage und Anklage Gottes völlig abwesend – sowohl im Gebets- wie im Liedteil".[36]

Es gilt deshalb, die Klage und Anklage zurückzugewinnen. Nur sie vermag unserer Gottesbeziehung – gerade im Leiden – ihre Tiefe zurückzugeben. Kierkegaard war einer der Ersten, die in heiligem Zorn den wahren Ijob wieder zurückforderten: „Hiob! Hiob! Oh! Hiob! Sagtest du wirklich nichts anderes als diese schönen Worte: Der Herr hat es gegeben, der Herr hat es genommen, der Name des Herrn sei gepriesen? Weh dem, der den Trauernden auf subtile Weise um den einstweiligen Trost der Trauer, sich Luft zu machen und ‚mit Gott zu hadern', betrügen will. Oder ist die Gottesfurcht in unserer Zeit vielleicht so groß, dass der Trauernde die Dinge nicht braucht, die in jenen alten Tagen Sitte waren? Wagt man vielleicht nicht, vor Gott zu klagen? Ist also die Gottesfurcht größer geworden oder die Furcht und die Feigheit? Heutzutage meint man, der eigentliche Ausdruck der Trauer, die verzweifelte Sprache der Leidenschaft müsse den Dichtern überlassen bleiben, die nun, wie Winkeladvokaten bei einem erstinstanzlichen Gericht, vor dem Richterstuhl des menschlichen Mitleids die Sache der Leidenden vertreten. Weiter wagt sich niemand. Sprich du deshalb, unvergesslicher Hiob."[37]

Diesen Kierkegaard'schen Ruf nach dem wahren Ijob haben in unseren Tagen Theologen aller Couleurs aufgenommen. Sie bemühen sich, dem klagenden und anklagenden Gebet in unserer Glaubenspraxis wieder Platz einzuräumen – in dem Wissen, dass dieses Schreien nach Gott unabdingbar ist, um im Leiden zu bestehen.[38]

Eine meiner Tanten, der das Leben fürchterlich mitgespielt hat, wagte es immer wieder, laut und deutlich mit Gott zu schimpfen – und dieses Schimpfen tat ihr sichtlich gut. Im nächsten Augenblick aber quälte sie sich wieder mit Schuldgefühlen, weil sie Gott angeklagt hatte. Völlig zu Unrecht, wie ich meine. Nur Gleichgültige und Zyniker resignieren, weil sie von Gott nichts mehr erwarten. Der Klagende und Anklagende hingegen traut Gott etwas zu – und gibt ihm damit die Ehre.

Exkurs:
Beten in der Nacht des Leidens

Am 3. Dezember 1964 starb in einer Zürcher Klinik der gefeierte Schauspieler und Regisseur Ernst Ginsberg. Ginsberg, Sohn einer jüdischen Arztfamilie in Berlin, konvertierte als 35-Jähriger zum Katholizismus. Von den Nazis aus seiner Heimat vertrieben, siedelte er mit seiner Familie nach Zürich über und machte am dortigen Schauspielhaus eine glänzende Karriere. 1962 kehrte Ginsberg nach Berlin zurück. Sein Auftreten in der alten Heimat wurde für ihn zu einem persönlichen Triumph, und es war klar, dass Ginsberg in Berlin vor einer zweiten großen Karriere stand. Da überfiel ihn eine heimtückische Krankheit: Lateralsklerose nannten sie die Ärzte – unheilbar! Über das Fortschreiten und den Ausgang seiner Krankheit war Ginsberg sich im Klaren. Er wurde nach und nach vollständig gelähmt, und zum Schluss verlor der begnadete Schauspieler auch noch sein geliebtestes Gut: Stimme und Sprache. Sein Geist aber blieb unversehrt. In den langen Monaten, als die fortschreitende Krankheit ihn langsam einkerkerte, verfasste er u. a. Gebete in Gedichtform. Die letzten Verse entstanden, als sein eingemauerter Geist sich nur noch mit Hilfe von Tabellen und Buchstabentafeln zu äußern vermochte. Die letzte Strophe eines seiner letzten Gedichte, das in seinem Buch *Abschied*[39] steht, heißt:

*Ich falte
die Hände,
die lahmen,
im Geist
und bete
ins Dunkel,
dass es
zerreißt.*

In dieser langen Nacht des Leidens, die durch keine menschliche Hoffnung mehr erhellt wird – menschlich gesprochen ist alles zu Ende –, faltet Ginsberg seine Hände zum Gebet. Er kann sie nur noch im Geiste falten, weil seine lahmen Hände seinem Willen nicht mehr gehorchen. Sein Gebet, in tiefer Nacht ins Dunkel hineingesprochen, ist getragen von der Bitte, Gott möge sein *Dunkel* zerreißen, das heißt wohl: Gott möge ihn in sein göttliches *Licht* aufnehmen.

Der Mensch kann in ausweglosem Leiden auch anders reagieren. Vom sterbenden Beethoven wird erzählt, dass er seine Faust ballte und sie gen Himmel reckte, während Sigmund Freud sein tödliches Leiden Jahre hindurch in unerschütterlich stummer Resignation mannhaft ertragen hat. Während Beethoven die Faust ballt und Freud stoisch schweigt, will Ginsberg die Hände falten. Revolte, Resignation und christliche Ergebung – das sind die drei menschlichen Möglichkeiten angesichts ausweglosen Leids. Die Revolte spricht uns wegen ihrer Ehrlichkeit an, die stoische Resignation ringt uns Bewunderung ab, die christliche Ergebung aber – im und durch das *Gebet* erreicht – erscheint vielen Zeitgenossen verdächtig. Sind Gebet und Ergebung nicht unredliche Fluchtversuche vor der leidvollen Wirklichkeit oder gar feige Unterwerfung unter einen allmächtigen Herr-Gott?

Keine stumme Resignation

Nun: Christliche Ergebung ist weder passives Erdulden noch blinde Unterwerfung, sondern aktive Annahme des Leidens, getragen von der Hoffnung, dass Gottes Hände uns noch dort auffangen können, wo wir „Macher" am Ende sind. Christliche Ergebung ist keine stumme Resignation, sondern freie Einwilligung in den Willen jenes Gottes, von dem Paulus uns sagt, dass er denen, die ihn lieben, alles zum Guten gereichen lässt (vgl. Röm 8,28). Dieses Einswerden mit Gott, diese radikale Annahme des Leidens, die nur *im Gebet* erreicht werden kann, vermag den Leidenden und sein Leiden zu *verwandeln*. Der Leidende ist dann zwar besiegt, aber zugleich stärker geworden – wie die Liebe immer besiegt *und* stärker macht.

Allerdings fällt diese Annahme des Leidens, die das Leiden zu *verwandeln* vermag, dem Christen nicht in den Schoß. Um sie muss gerungen werden. Sie wird nur durch Weinen, Klagen und Bitten hindurch geschenkt. Mit anderen Worten: Diese christliche Ergebung ist eine *Frucht des Gebets*, sie steht nicht am Anfang, sondern am Ende eines langen Weges. Der Christ, den auswegloses Leid trifft, darf weinen und sich ängstigen, er darf klagen und fragen, er darf bitten und Gott bestürmen. All dies gehört zum Menschsein des

Menschen und damit zum Gebet im Leiden, denn Beten ist ein Vollzug des ganzen Menschen. Der Mensch darf im Gebet mit allem, was er ist und hat, was er fühlt und empfindet, vor seinen Gott hintreten. Ein solches Gebet ist ein subversiver Akt in unserer eindimensionalen Leistungsgesellschaft, die das Leiden schamhaft versteckt, verdrängt und entwichtigt; denn dieses leidenschaftliche Gebet findet sich nicht mit der puren Faktizität ab, sondern es appelliert unter Klagen und Tränen an jenen Gott, bei dem alles möglich ist und von dem uns die Bibel sagt, dass er der „Liebhaber des Lebens" sei (Weish 11,26).

Klage – die Sprache des Leidens

Im ausweglosen Leiden darf der Christ zuerst einmal *weinen* und *sich ängstigen*. Jesus hat im Garten von Getsemani angesichts des Furchtbaren, das er auf sich zukommen sah, gezagt und gezittert. Der Christ ist kein unerschütterlicher Stoiker, sondern ein Mensch aus Fleisch und Blut. Wäre ein Mensch, der weder Angst noch Tränen kennt, nicht ein verstümmelter Mensch? Ginsberg schreibt:

> *Ich habe viel und bitterlich geweint*
> *In leerer Krankenzimmernacht gefangen*
> *schwach wie ein Kind, das nach der Mutter greint*
> *von Angst gewürgt,*
> *gejagt von schwarzem Bangen*
> *dem nicht das kleinste Erdenlicht*
> *mehr scheint –*

So, nackt und zitternd,
sollt ich heimgelangen.

Der Christ darf nicht nur weinen und Angst empfinden; er darf auch *klagen* und *„Warum?" fragen*, immer wieder. Die Klage ist die Sprache des Leidens. Das stumme Leiden muss zur Sprache finden, und die Klage ist seine Sprache. Ohne die Phase der Klage, ohne den Schrei „Warum?" droht der leidende Mensch von der dumpfen und stummen Apathie verschluckt zu werden.

„Mein Gott, mein Gott, warum hast du mich verlassen?" – so schreit der sterbende Jesus am Kreuz, ein Wort aus dem Psalm 22 aufnehmend. Ein von Gott und den Menschen Verlassener versinkt in der Sphäre der Gottferne und des Todes, aber noch im Versinken klammert er sich an seinen Gott. Hier schreit ein gequälter Mensch sein Leid heraus, das er nicht mehr ertragen kann – und er schreit es zu seinem Gott. Mein Gott – ich lasse dich nicht, auch wenn ich dich nicht verstehe. Bis in diese Tiefe des menschlichen Leidens hinein hat Jesus sich mit uns solidarisiert. Jesus, unser Bruder, stimmte mit diesem Psalm in das millionenfache „Warum" ein, das nicht nur im alten Israel, sondern in der ganzen Welt vor ihm, neben ihm, nach ihm Gott entgegengeweint, entgegengeschrien wurde und wird. Jesus hat dieses „Warum" im Abgrund letzter Sinnlosigkeit durchlitten und uns damit die Freiheit gegeben, auch unser ureigenes „Warum" Gott entgegenschreien zu dürfen: Mein Gott, warum haben wir ein verstümmeltes Kind, warum bin ich gelähmt, warum ist meine Ehe zerbrochen, warum habe ich keinen einzigen Menschen, der zu mir steht...? Dieser klagende und fragende Schrei ist dann ein Gebet, wenn er sich anredend an Gott wendet, wenn er aus dem *Du* nicht herausfällt.

> *Ach* – so klagt Ginsberg –
> *Ach, ich bin doch schon lahm*
> *Warum noch das Letzte mir rauben*
> *was den Menschen von Tieren scheidet:*
> *die Sprache –*

Der Mensch im Leiden darf nicht nur weinen, klagen und „Warum?" fragen, er darf und soll auch Gott *bitten*, ihn von seinem Leiden zu befreien, seine Not zu lindern. So geht denn Ginsbergs Klage und Warum-Frage über in die ergreifende Bitte, Gott möge ihm wenigstens *ein* Wort lassen, das Wort „Dank", um all denen zu danken, die ihn auf seinem Lebensweg begleitet haben.

> *O mein Gott, in der Sturmflut dieser Zerstörung*
> *in der mir die Sprache röchelnd ertrank*
> *laß mir – o schenk meiner Bitte Erhörung –*
> *nur dieses einzige Wort noch: Dank.*

Selbst diese Bitte wird ihm nicht erfüllt, die Krankheit schreitet unerbittlich weiter. Ginsberg ergeht es wie so vielen anderen Betern: Seine flehende Bitte bleibt unerhört, sie scheint im Leeren zu verhallen. Gott scheint zu schweigen. Und dieses Schweigen Gottes nimmt vielen Menschen den

Mut, überhaupt noch ein Gebet zu wagen. Diese Anfechtung kann der gläubige Beter wohl nur im Blick auf Jesu Gebet in Getsemani bestehen. Zitternd und zagend wirft sich Jesus dreimal auf die Erde und betet: „Abba, Vater, alles ist dir möglich. Nimm diesen Kelch von mir! Aber nicht, was ich will, sondern was du willst (soll geschehen)" (Mk 14,36). Jesu flehende Bitte um Verschonung vor dem Leiden wird gleichzeitig getragen von jenem anderen Gebet: „Aber nicht wie ich will, sondern wie du willst." Jedes christliche Gebet im Leiden, jede Bitte um Linderung der Not muss deshalb auch diesen letzten Schritt tun: „Vater, nicht mein, sondern dein Wille geschehe!" Es ist dies die Bitte um die Gnade, *Ja* sagen zu können zu dem, was Gottes unbegreifliche Liebe mir zumutet. Obwohl Jesu Bitte um Verschonung vor dem Leiden nicht erfüllt wurde, kehrt Jesus getröstet von seinem Gebet zu den schlafenden Jüngern zurück. Er ist ein anderer als der, der zum Gebet fortging. Er klagt und zittert nicht mehr. Er ist klar und wach: „Die Stunde ist gekommen. Steht auf, wir wollen gehen" (vgl. Mk 14,41–42).

Ein inneres Wunder

Ähnliches geschieht mit Ginsberg. Obwohl das *äußere* Wunder ausbleibt – Gott greift nicht in die Gesetze der Natur ein, die Krankheit nimmt ihren Lauf –, ereignet sich ein *inneres* Wunder. Im Gebet ist Ginsberg die Gnade der christlichen Ergebung geschenkt worden. Er kann Ja sagen zum Leiden und gewinnt so jene „Gelassenheit", die ohne Ressentiment vom Verhaftetsein an die Dinge *lassen* kann

– jene Gelassenheit, die alles, zuletzt auch das Liebste, ohne Groll verabschieden kann –, in völliger Hingabe an jenen Gott, von dem der Apostel Paulus sagt, dass weder Tod noch Teufel uns von seiner Liebe zu trennen vermögen (vgl. Röm 8,38).

Dieses innere Wunder – das ist die Erhörung, die sein Gebet gefunden hat – ist so überwältigend, dass Ginsberg zu *danken* anfängt: nicht für das Leiden – das wäre masochistisch –, wohl aber dafür, dass durch sein Leiden sein Glaube reiner und reifer geworden ist, und auch dafür, dass Gott seinem Glauben die Kraft geschenkt hat, am Leiden nicht zu zerbrechen, sondern zu wachsen. So kann der verstummte Ginsberg nun in tiefer christlicher Ergebung voll hoffender Zuversicht sein letztes Gebet wagen:

Nun wird es Zeit zu danken…
Das Wort vermag es nicht!
Doch Du nimm den Verstummten
Herr, wortlos heim ins Licht.

Teil III
Hoffnung – oder: Die Antwort Gottes

„Die mit Tränen säen, werden mit Jubel ernten."
(Ps 126,5)

1. Hoffnung wider alle Hoffnung

Alle unsere Antworten bleiben angesichts der menschlichen Leidensgeschichte Fragment. Allzu groß ist das menschliche Leiden, allzu dürftig bleiben unsere Antwortversuche. Gott – und Gott allein – kann Antwort geben. Ostern ist die Antwort Gottes auf unsere Frage nach dem Leiden.

Es gibt Ungeheuerlichkeiten im Leben des Einzelnen wie in der Menschheitsgeschichte, die uns unweigerlich in die Revolte oder in die Verzweiflung trieben, würden wir nicht immer wieder aufgefangen von jener Hoffnung, die in der Liturgie der Osternacht explosionsartig ausbricht: Jesus lebt, Gott hat ihn auferweckt! Der schändliche Tod am Kreuz ist nicht das letzte Wort. Es gibt einen Neuanfang, es gibt durch Leiden und Tod hindurch eine herrliche Neuschöpfung. Gott hat in und mit Jesu Auferweckung den Anfang dieser Neuschöpfung eingeläutet, sodass wir auch für uns einen neuen Himmel und eine neue Erde erwarten dürfen. Dann wird sein, was der Seher von Patmos in der „Geheimen Offenbarung" in seiner bildhaften Sprache so formuliert hat: „Gott wird alle Tränen von ihren Augen abwischen: Der Tod wird nicht mehr sein, keine Trauer, keine Klage, keine Mühsal. Denn was früher war, ist vergangen" (Offb 21,4).

Der Mensch ist ein Wesen der Hoffnung, weil er ein Wesen der Sehnsucht ist. Wer ohne Hoffnung ist, droht von der Verzweiflung angesichts der Sinnlosigkeit hinweggeschwemmt zu werden. Er wird krank, und umgekehrt gilt: Auch schlimmste Situationen können noch gemeistert oder wenigstens ertragen werden, wenn am Horizont ein Licht der Hoffnung leuchtet.

Mit Jesu Auferweckung hat Gott eine radikale Hoffnung in diese Welt eingesenkt und unsere Tatsachen erschüttert.

– Erste Tatsache: Die Welt ist kein Wohltätigkeitsverein.
  Wer sich in dieser Welt entschieden für Freiheit
  und Gerechtigkeit einsetzt, gerät bald ins Leid.
  Wer nicht mogelt, ist töricht; denn Lügen haben
  lange Beine, und unrecht Gut gedeiht prächtig.
  So ist es nun mal. Folglich ist es vernünftiger,
  mit den Wölfen zu heulen und die Ellbogen zu
  gebrauchen. So kommt man am besten voran.
– Zweite Tatsache: Die Liebe – und mag sie auch
  tausendmal Ewigkeit versprechen – scheitert
  schließlich am Tod. Der Tod ist die letzte Tatsache.
  Er zerreißt früher oder später jede noch so glückliche Liebe. Dagegen anzurennen heißt, in einem
  infantilen Wunschdenken stecken zu bleiben.
– Dritte Tatsache: Das Glück ist uns immer nur in
  einzelnen Augenblicken vergönnt. Folglich läuft
  einer Illusion nach, wer die Erfüllung unserer
  unendlichen Sehnsucht erhofft. Realistischer
  ist es, mit dem großen Stoiker Sigmund Freud
  festzustellen: „Dass der Mensch ‚glücklich' sei, ist
  im Plan der ‚Schöpfung' nicht enthalten."[40]

So sind nun mal die Tatsachen.

Die christliche Botschaft von der Auferweckung der Toten will nun gerade diesen unseren ach so vernünftigen Tatsachenglauben erschüttern. An Ostern will Gott uns von unseren Tatsachen und Möglichkeiten weglocken hin zu seinen Möglichkeiten, sodass wir als Wachende träumen, ja unter Tränen lachen dürfen. Die Osterhoffnung sagt: Die Gerechtigkeit wird das letzte Wort zurückbekommen, nicht der Dschungel. Die Freiheit wird das letzte Wort erhalten, nicht die Knechtschaft. Die Liebe wird das letzte Wort behalten, nicht der Tod. So hat es Gott gefallen, weil Gott – er selbst – Freude an der Freiheit, der Gerechtigkeit und der Liebe hat. Dafür hat er uns in Jesu Auferweckung sein Ehrenwort gegeben – und der treue Gott hält Wort.

Wir dürfen festhalten: An Ostern hat der herrliche Gott in einem unableitbaren, überraschenden Wunder unsere beklemmende Frage nach dem Leid in Hoffnung gewendet, sodass wir mitten im Leid von einer neuen Erde und einem neuen Himmel träumen dürfen (vgl. Röm 8,22–24).

Diese unsere Auferstehungshoffnung ist gewiss keine Antwort auf unser *Warum*. Iwan Karamasows Frage „Warum müssen auch Kinder zum Dünger für Gottes künftigen Himmel werden?" wird auch an Ostern nicht beantwortet. Warum geht Gott solche Umwege? Wir wissen es nicht. Aber Ostern gibt uns genug Licht, um vertrauensvoll und mutig im dunklen Tal zu wandern, weil wir hoffen dürfen, dass am Ende des Tales nicht das Nichts uns verschlingt, sondern der Tag auf uns wartet.

Wie schon früher erwähnt, laufen wir aber auch ständig Gefahr, diese Hoffnung zu pervertieren, indem wir einerseits den Tod verniedlichen und andererseits die Getretenen dieser Erde allzu schnell aufs bessere Jenseits vertrösten. Wer das tut, hat von der christlichen Auferstehungshoffnung nichts verstanden. Deshalb gilt es, ein Zweifaches zu bedenken:

Erstens: Gott ist kein Bedürfnisbefriediger. Wir Christen und Christinnen unterliegen immer wieder der Versuchung, aus dem lebendigen Gott einen Bedürfnisbefriediger, gar ein Verbrauchsgut zu machen, um unseren unendlichen Hunger zu stillen. Dabei gerät unsere christliche Hoffnung in den Verdacht, nur die Kehrseite unserer egoistischen Bedürfnisse nach Trost und Unsterblichkeit zu sein. Erst wenn der Mensch durch lange und schmerzliche Trauerarbeit hindurch seine Allmachtsphantasien und seine Unsterblichkeitsträume zu verabschieden lernt, seine Endlichkeit und Sterblichkeit annimmt und ernst nimmt, das heißt seinen unendlichen Wunsch an seinen sterblichen Leib bindet, erst dann kommt der Neuschöpfer Gott als der Andere in seiner unbegreiflichen Andersheit in Sicht: als der absolut Freie, der uns – rein aus Liebe – das unvorstellbare Geschenk einer Neuschöpfung (re-creatio) gewähren will. Solange wir nicht mit leeren Händen – als „sterbliche Bettler" (Luther) – vor Gott hintreten, solange wir uns nicht eingestehen, dass wir von Haus aus sterblich sind, degradieren wir Gott zu einem Objekt, das man verbraucht und verzehrt. Wir sind dann im Grunde nur in unsere eigenen Bedürfnisse verliebt, die wir allmächtig wähnen. Der Andere *als* Anderer kommt noch gar nicht in Sicht.

Tier und Mensch haben Bedürfnisse. Der Mensch allein aber vermag seine Bedürfnisse in Wünsche zu verwandeln und damit von der Notwendigkeit in den Raum der Freiheit zu gelangen, in der andere in ihrer Andersheit respektiert werden.[41]

Erst wenn dieser Umschlag vom Bedürfnis zum Wunsch geschehen ist, kann der freie Gott – allein aus Gnade – unseren Wunschüberschuss in seine Unendlichkeit aufnehmen und uns als Sohn und Tochter (ewig) anerkennen, weil es ihm so gefallen hat.

Zweitens: Gottes Hände und unsere Hände. Wir haben kein Recht, von der Auferstehung am Ende der Zeiten zu träumen, solange wir nicht bereit sind, alles in unserer Macht Stehende zu tun, damit die am Boden Liegenden bereits hier und heute ein wenig Auferstehung feiern dürfen. Wer an den Beleidigten und Entrechteten dieser Welt vorbei von der Auferstehung redet, der degradiert Gott zu einem Lückenbüßer für unsere Faulheit, unsere Habgier und unseren Egoismus. Wenn Gott die Gerechtigkeit, die Freiheit und die Liebe vollenden will, so setzt das voraus, dass wir hier und heute damit anfangen, mutig und gelassen, sachlich und frei von allen (auch von den sich christlich gerierenden) Ideologien dafür zu kämpfen, dass unsere grausame Welt jeden Tag etwas menschlicher wird.

Diese Welt sollen wir gestalten, ohne nach dem Himmel zu schielen, oder mit Dietrich Bonhoeffer gesagt: als ob es Gott nicht gäbe (etsi Deus non daretur).[42] Wohl aber dürfen wir bei dieser Arbeit an der Welt und ihrer Gerechtigkeit froh und dankbar sein, dass Gott *ist* und ER selbst in seinem

Reich vollenden wird, was wir hier und heute angefangen haben. Vor allem aber dürfen wir dankbar bekennen: Gott kann auch jene noch auffangen, die unsere Hände nicht mehr zu erreichen vermögen, weil sie vielleicht gestorben sind. Weil das so ist, dürfen wir von der *Zukunft* der Toten träumen und noch für jene hoffen, die gestern und vorgestern im Kampf für eine gerechtere Welt unter – oder auch auf – die Räder gekommen sind. So hat es jenem Gott gefallen, „der die Toten lebendig macht und das, was nicht ist, ins Dasein ruft" (Röm 4,17).

Der christliche Imperativ heißt also: Handle so, als ob Gott nur deine Hände hätte; freue dich aber, dass Gott noch andere Hände hat. So kannst du nüchtern realistisch bleiben, standhaft ausharren und mutig weiterkämpfen, ohne fanatisch und zynisch zu werden und ohne zu resignieren.

Exkurs:
Die Geschichte von der Raupe
und den Regenwürmern[43]

Die Regenwürmer hatten einen Kongress über die neuesten Methoden des Grabens. „Wir sind schon recht tief in die Erde eingedrungen", sagte der Präsident des Kongresses der Regenwürmer. „Wir haben viele Erdschichten an die Oberfläche befördert, von denen niemand vorher etwas wusste. Aber die Erde scheint noch tiefer zu sein, als wir dachten. Wir müssen fleißig weiter überall herumkriechen und Erde essen. Es ist eine große Aufgabe." Mitten in den Diskussionen und Beratungen stieß ein junger Regenwurm plötzlich auf einen stillen, fremden Gast mit Haaren. „Verzeihen Sie, ich war so müde. Da hab' ich mich einfach hierher gesetzt", sagte das Etwas mit Haaren. „Ich bin Raupe von Beruf. Und ich bin so sehr müde. Sterbensmüde." Der gesamte Kongress der Regenwürmer kroch teilnahmsvoll heran. „Sie müssen sich stärken", sagte ein alter Regenwurm freundlich. „Sie müssen etwas Erde zu sich nehmen." – „Nein, danke", sagte die Raupe, „ich bin zum Essen zu müde. Mir ist überhaupt so sonderbar. Ich will nicht mehr auf der Erde kriechen." – „Aber ich bitte Sie", sagte der Präsident des Kongresses der Regenwürmer, „das ist das Leben, dass man auf der Erde kriecht und Erde isst. Wenn man das nicht mehr kann, stirbt man." Aber die Raupe antwortete nicht mehr. Sie war zu müde.

Aus ihr heraus jedoch zogen sich feine Fäden und spannen den verstaubten, sterbensmüden Körper ein. „Das ist ja eine schreckliche Krankheit", sagten die Regenwürmer. Es vergingen Wochen. Endlich, in der Frühe eines Morgens, regte sich das versponnene Ding. Ein kleiner bunter Falter kam heraus, und seine Flügel wuchsen im Sonnenlicht. Sie wurden stark und farbenfroh. Da breitete der Falter die Schwingen aus und flog weit über die Erde ins Sonnenlicht hinein. Die Glockenblumen läuteten. Unten im Staub tagte der Kongress der Regenwürmer. Man hatte die leere Hülle gefunden, und alle Kapazitäten waren zusammengekrochen. „Es ist nur ein Mantel", sagte die erste Kapazität enttäuscht. „Die Krankheit ist allein zurückgeblieben", sagte die zweite Kapazität. „Der Mantel ist eben die Krankheit", sagte die dritte Kapazität. „Nun ist es ganz tot", sagten alle Regenwürmer. Hoch über ihren blinden Köpfen gaukelte der Falter in der blauen, sonnigen Luft.

Während der Unglaube nur Krankheit, Tod und Verwesung zu sehen vermag, hofft der Christ, dass Gott durch Sterben und Tod hindurch uns in einer neuen Schöpfung ewiges Leben gewähren will.

2. Ist der Tod heute noch der „letzte Feind"?
(1 Kor 15,26)

Es gibt heutzutage zahlreiche Christen und Christinnen, die mit der soeben dargelegten Auferstehungshoffnung nichts mehr anzufangen wissen. Auferstehung meint für sie nicht mehr ein Ereignis am Ende des Lebens oder am Ende dieser Weltzeit. Auferstehung gibt es nur *mitten im Leben*; mit dem Tod ist alles aus. Das gilt für Jesus wie für uns alle. Damit ist der hier vertretenen These, *Ostern* sei Gottes Antwort auf unsere Leidensgeschichte, der Boden entzogen. Also gilt es nochmals auf das Neue Testament zu hören und diesen „neuen" Christen geduldig zuzuhören.

Für den Apostel Paulus steht fest: Mit Jesu Auferweckung aus dem Reich der Toten hat Gott den Tod, diesen „letzten Feind" (wie Paulus ihn nennt), besiegt. Diesen Sieg über den Tod bekannten und bekennen Christen und Christinnen durch die Jahrhunderte im Apostolischen Glaubensbekenntnis: „Ich glaube an die Auferstehung der Toten und das ewige Leben." Diese Hoffnung sprengt die Selbstverständlichkeiten dieser Welt und fordert zum Widerspruch heraus. Schon zur Zeit des Apostels Paulus gab es in der Gemeinde von Korinth Christen, die nicht an die Auferweckung der Toten glaubten. Paulus' Reaktion war heftig: „Wenn wir unsere Hoffnung nur in diesem Leben auf Christus gesetzt haben, sind wir erbärmlicher daran als alle anderen Menschen ... Wenn Tote nicht auferweckt werden, dann lasst uns essen und trinken; denn morgen sind wir tot" (1 Kor 15,19.32).

Auch heute gibt es in unseren Gemeinden Christen, für die die Auferweckung der Toten keine Frohbotschaft mehr ist, sondern eher ein Albtraum. Sie sehnen sich nicht mehr nach einem ewigen Leben, sondern sie hoffen auf einen ewigen Schlaf oder – sit venia verbo – auf die „Gnade" der Verwesung!

So schreibt z. B. der alte, kranke, zur Schwermut neigende Reinhold Schneider in seinem letzten Buch *Winter in Wien*: „Fest überzeugt von der göttlichen Stiftung der Kirche und ihrer bis zum Ende der Geschichte währenden Dauer, ziehe ich mich doch am liebsten in die Krypta zurück; ich höre den fernen Gesang. Ich weiß, dass Er auferstanden ist; aber meine Lebenskraft ist so sehr gesunken, dass sie über das Grab nicht hinauszugreifen, sich über den Tod hinweg nicht zu sehnen und zu fürchten vermag. Ich kann mir einen Gott nicht denken, der so unbarmherzig wäre, einen todmüden Schläfer unter seinen Füßen, einen Kranken, der endlich eingeschlafen ist, aufzuwecken. Kein Arzt, keine Pflegerin würde das tun, wie viel weniger Er."[44]

Bei allem Verständnis für diese in Trauer geschriebenen Sätze: Sie lassen etwas Entscheidendes außer Acht: Unsere Hoffnung auf „ewiges Leben" meint nicht eine ewige Fortsetzung dieses oft sehr armseligen und leidvollen Lebens – das wäre tatsächlich ein Albtraum –, sondern etwas radikal *Neues*: Wir verkünden, „was kein Auge gesehen und kein Ohr gehört hat, was keinem Menschen in den Sinn gekommen ist: das Große, das Gott denen bereitet hat, die ihn lieben" (1 Kor 2,9).

Vor 50 Jahren war Reinhold Schneider mit seinem melancholischen Gedanken, der Tod möge uns in den ewigen Schlaf führen, noch ziemlich allein, jedenfalls unter praktizierenden Katholiken. Inzwischen gibt es in allen christlichen Konfessionen Gläubige, die sich entschieden und bewusst als Christen verstehen, ohne auf die Auferweckung der Toten zu hoffen. Stellvertretend für alle Namenlosen sei hier eine sehr engagierte Christin (die auch Theologin ist) zitiert: „Wir bringen Auferstehung mit Befreiung zusammen, weil unser tiefstes Bedürfnis nicht persönliche Unsterblichkeit ist, sondern ein Leben vor dem Tod für alle Menschen."[45] Am Ende der Tage gelte es ohne Groll und Ressentiment sich definitiv zu verabschieden und als Staub zur Erde zurückzukehren: „Denke ich an den Tod – und das heißt an meinen eigenen Tod –, dann empfinde ich mich als Teil dieses Planeten Erde. Auch wenn ich sterbe, werden Wind und Wasser, Erde und Luft, Fische, Vögel und alle anderen Lebewesen weiter bestehen. Warum also sollte ich den Tod fürchten? Weil alle geschaffenen Dinge miteinander in Verbindung stehen, konnte Franziskus von Assisi vom Tod als von unserer Schwester sprechen. Und wer so sprechen kann, sagt das größte Ja zur Schöpfung, das vorstellbar ist. So können wir unser kleines Dasein als Teil des großen Seins verstehen, in das wir zurückkehren werden: als Schwester zur Schwester Tod, als Kind zur Mutter Erde, als Bruder zum Bruder Sonne, als Tropfen zu den großen Wassern und als Flamme ins Licht."[46]

Eine bewundernswerte Gelassenheit. Aber wird damit unser Gerechtigkeitsempfinden nicht überfordert? Denn weniger poetisch heißt das ja dies: Mörder und Opfer, Ausbeuter und Verhungernde, sie alle enden in der gleichen Grube – und damit basta. Vor allem aber: Kann man die Briefe des Apostels Paulus noch verstehen, wenn man die Hoffnung an die Auferweckung der Toten aufgibt? Hören wir zunächst diesen neuen Christen noch etwas genauer zu, denn es sind keine „Taufscheinchristen", sondern oft sehr engagierte Christen: Sie leben bescheiden, teilen ihr Überflüssiges mit den Armen. Das Christentum hat für sie nur Sinn und Bedeutung in diesem Leben auf dieser Erde.

Der erste und entscheidende Einwand der „neuen Christen" gegen die „Auferweckung der Toten" lautet: Der Tod ist heute kein Feind des Lebens mehr, sondern die natürlichste Sache der Welt. Er ist die genetisch vorprogrammierte Vollendung des Lebensprozesses und gehört deshalb zum Leben wie der Schatten zum Licht. Deshalb kann es nicht Aufgabe des Christentums sein, den Tod zu überwinden. Wir müssen vielmehr lernen, mit dem Tod und vor allem mit der Angst vor dem Tod zu leben, ohne uns durch himmlische Illusionen ablenken zu lassen.

Während zweieinhalb Jahrtausenden – so die „neuen Christen" – galt der Tod im Abendland und im Mittleren Orient als ein Unglücksfall, der dem Leben unterläuft und sein Scheitern offenbart. Das ist nicht verwunderlich, denn zur Zeit des Apostels Paulus sind die Menschen jung gestorben: 50 Prozent erreichten nicht das 15. Lebensjahr (viele starben schon im ersten Lebensjahr), und von den anderen 50 Prozent erreichte wieder die Hälfte nicht das 35. Lebensjahr. Nur gerade 25 Prozent wurden älter als 35 Jahre; einige wenige wurden sehr alt, und deshalb hatten alte Menschen – weil sie damals die Ausnahme waren – ein großes Ansehen. Weil der Tod so vieler junger Menschen unerträglich war, erstaunt es nicht, wenn Paulus den Tod als Feind des Lebens, gar als „letzten Feind" betrachten konnte und das Christentum mit seiner Auferstehungsbotschaft so viel Erfolg hatte. Es konnte nämlich Trost spenden in der grausamen Welt der jungen Toten.

Heute aber, in einer Zeit, in der immer mehr Menschen – jedenfalls in den entwickelten Industrienationen – an natürlicher Altersschwäche sterben, hat die Auferstehungsbotschaft ihre Trostfunktion und ihre gesellschaftliche Plausibilität weitgehend eingebüßt. Wenn die Sinne schwächer werden, die Interessen und das Gedächtnis schwinden und der alte Mensch wieder zum hilflosen Kind wird, ist der Tod kein Feind mehr, sondern eher eine Wohltat.

Weil die Medizin, die Hygiene und die Ernährungswissenschaften weltweite Fortschritte machen, ist es nur eine Frage der Zeit, bis die Mehrzahl der Menschen eines natürlichen Altertodes sterben werden.

Dadurch beginnt sich in unserer Kultur die Beziehung zwischen Leben und Tod zu wandeln. Eine Revolution kündigt sich an, deren Wirkungen die gegenwärtige Kultur erst dunkel zu erahnen beginnt und die das christliche Bewusstsein noch kaum zur Kenntnis genommen hat: Der Tod ist kein Feind des Lebens mehr.

Wir sind in der Geschichte der Menschheit somit die erste Generation, die mit eigenen Augen den natürlichen Charakter des Todes, seine Notwendigkeit und – man muss den Mut haben, es zu sagen – seine *wohltätigen* Eigenschaften feststellen kann. Das Christentum muss sich deshalb zu der Einsicht durchringen, dass der Tod kein Problem darstellt, das es zu lösen oder gar zu überwinden gilt. Sollte das Christentum diese neue Sicht von Leben und Tod unannehmbar finden und weiterhin die „Auferweckung der Toten" verkünden, so dürften die Tage des Christentums gezählt sein; denn die Sicht vom „natürlichen Tod" wird sich allmählich weltweit durchsetzen.

Soweit der erste Einwand der „neuen Christen". Was kann man darauf antworten?

Richtig ist, dass die Rede vom „natürlichen Tod" eine gesellschaftskritische These ist, insofern sie die Forderung enthält, eine Gesellschaft zu gestalten, in der niemand mehr jung sterben muss. So gesehen ist die Rede vom „natürlichen Tod" ein Plädoyer für ein menschenwürdiges Leben und ein Protest gegen den vorzeitigen und gewaltsamen Tod: gegen den Tod von Kindern, die durch den Hunger und seine Folgen weggerafft werden; gegen den Tod von Erwachsenen, die in der Dritten und Vierten Welt von unmenschlichen Arbeitsbedingungen und Wohnverhältnissen erdrückt werden und an Krankheiten sterben müssen, die man heute schon heilen könnte; gegen den Tod von alten Menschen, die *vor* der Zeit sterben müssen, nicht wegen ihres Alters, sondern wegen der Gleichgültigkeit der Gesellschaft, die sie aus dem Umkreis des Lebens verbannt, dessen sie sich noch hätten erfreuen können.

Christen und Christinnen werden sich also mit allen Menschen guten Willens dafür einsetzen, damit möglichst viele Menschen eines „natürlichen Alterstodes" sterben dürfen. Dies vorausgeschickt, möchte ich den „neuen Christen" ein Dreifaches zu bedenken geben.

Zunächst: Ist denn die Rede vom „natürlichen Tod" die ganze Wahrheit über den Tod? Sicher: Der Zellenhaushalt eines jeden lebenden Organismus hat einen Anfang und ein Ende, und das genetische Programm hat für den Menschen nur ein begrenzte Anzahl von Herzschlägen vorgesehen. Doch ist das nur die eine Seite des Menschen. Der Mensch hat einen sterblichen Leib, gleichzeitig wird er aber von einem unendlichen Wunsch umgetrieben, der durch nichts in der Welt ganz gestillt werden kann, mag ein Mensch auch steinalt und steinreich werden. Wenn nun der ewige Gott rein aus Gnade unsere Sterblichkeit in einer unausdenkbaren Neuschöpfung auffangen will und unsere unendliche Sehnsucht in seine Unendlichkeit aufnehmen will (vgl. Joh 4,14), so ist das Gottes Sache – ein Wunder seiner Liebe und Freiheit –, nicht unser Recht.

Ein Zweites: Was ist mit all jenen, die nicht das Glück haben, nach einem erfüllten Leben eines „natürlichen Todes" zu sterben? Was ist mit der unabsehbaren Zahl derer, denen von Anfang an und ohne eigene Schuld das Minimum zum Leben – ein wenig Brot, Würde und Hoffnung – versagt geblieben ist? Setzt sich das Neue Testament über diese Opfer mit einem Achselzucken hinweg? Keineswegs. Denn der neutestamentliche Blick richtet sich nicht nur auf die eigene Person, sondern gilt ebenso sehr dem Bruder in Not, der Schwester in Trauer. Als Christ hoffe ich nicht nur für mich, sondern ich bin froh und dankbar, dass ich auch für die anderen hoffen darf – auch für die Opfer von gestern und vorgestern.

Weil Gott jenen Jesus auferweckt hat, der deshalb sterben musste, weil er sich entschieden für die Hoffnungslosen und Verlorenen eingesetzt und damit die Kreise der „Meinungsführer" gestört hatte, dürfen wir hoffen, dass Gott auch alle Nachfolgerinnen und Nachfolger Jesu, alle unschuldigen Opfer auferwecken wird.

Und schließlich: Betrachtet die Rede vom „natürlichen Tod" den Tod nicht viel zu individualistisch als den je eigenen Tod? Was aber, wenn wir den Tod mit der Liebe zusammendenken? Öffnet sich da nicht eine ganz andere Perspektive? Dass Liebende auseinandergerissen werden, ist „unnatürlich" – mag es auch biologisch normal sein, dass wir sterben. Der Tod, dieser radikale Abschied, ist auch eine Beleidigung der Liebe.

Sicher: Der Tod hat mehr als ein Gesicht, je nachdem, ob er mitten im Leben zuschlägt oder ob er sich erst am Ende eines erfüllten Lebens meldet, ob er unvermittelt anklopft oder erst nach einer langen Krankheit die Oberhand gewinnt. Aber fast immer bleibt dies wahr: Für Liebende ist der Tod eine Beleidigung. Die Liebe, die glückt, die *starke Liebe mitten im Leben* will Ewigkeit, um ein Anliegen Bonhoeffers aufzunehmen. Mag die Zeit des Eros eine flüchtige Zeit sein, trotz Nietzsches geheimnisvoll-dunklen Wortes: „Doch alle Lust will Ewigkeit, will tiefe, tiefe Ewigkeit." Die Liebe – sie will Ewigkeit. Das ist ihre Tiefengrammatik. Der Tod zerreißt früher oder später diese Logik der Liebe. Die Lyrikerin Mascha Kaléko hat diese Erfahrung in ihrem Gedicht *Memento* (in: *Verse für Zeitgenossen*, Rowohlt Verlag, Reinbek 1975) so eingefangen:

> *Vor meinem eignen Tod ist mir nicht bang,*
> *Nur vor dem Tode derer, die mir nah sind.*
> *Wie soll ich leben, wenn sie nicht mehr da sind?*
>
> *Allein im Nebel tast ich todentlang*
> *Und lass mich willig in das Dunkel treiben.*
> *Das Gehen schmerzt nicht halb so wie das Bleiben.*
>
> *Der weiß es wohl, dem gleiches widerfuhr;*
> *Und die es trugen, mögen mir vergeben.*
> *Bedenkt: den eigenen Tod, den stirbt man nur,*
> *Doch mit dem Tod der andern muss man leben.*

Ist der Tod für uns Menschen nicht gerade deshalb ein so großes Problem, weil wir einander intensiver zu lieben vermögen als jede andere Spezies dieser Erde? Das „Unnatürliche" des Todes besteht darin, dass er Liebende auseinanderreißt, Freunde trennt.

Wer kennt nicht den Aufschrei von Augustinus nach dem Tod seines besten Freundes: „Durch diesen Schmerz kam eine tiefe Finsternis über mein Herz, und wo ich hinsah, war der Tod ... Ich war mir selbst zu einer einzigen großen Frage geworden ... Ich glaube, je mehr ich jenen geliebt hatte, um so mehr hasste und fürchtete ich den Tod, der ihn mir geraubt, wie den grimmigsten Feind ..."[47] Der französische Philosoph Gabriel Marcel hat diese Erfahrung so formuliert: „Einen Menschen lieben heißt sagen: Du wirst nicht sterben."[48] Sigmund Freud wurde – wie eingangs erwähnt –, nachdem seine Tochter Sophie und kurz darauf sein vierjähriger Lieblingsenkel Heinele gestorben waren, depressiv und bemerkte wiederholt, durch diese tragischen Ereignisse sei etwas in ihm zerbrochen, sodass er nicht mehr imstande sei, neue Beziehungen einzugehen. Von dieser Erfahrung gezeichnet, schreibt Freud: „Niemals sind wir ungeschützter gegen das Leiden, als wenn wir lieben, niemals hilfloser unglücklich, als wenn wir das geliebte Objekt oder seine Liebe verloren haben."[49] So hat denn Freud große Bedenken, die Liebe als Weg zum Glück zu empfehlen, weil man sich in der Liebe verletzlich macht und – angesichts des Todes – sich stärksten Leiden aussetzt.[50] Freuds tragische Botschaft zu diesem Thema lautet, überspitzt formuliert: Liebt euch nicht zu sehr, sonst werdet ihr früher oder später unglücklich.

Ganz anders die Botschaft des Neuen Testaments. Das Evangelium will nicht in erster Linie private Rettungsaktionen organisieren, sondern die Menschen aus den vier Enden der Welt zu einer neuen, unzerstörbaren Gemeinschaft zusammenrufen (vgl. Joh 11,52; Offb 7), und diese Gemeinschaft heißt Reich Gottes. Und dort gilt, was uns das Neue Testament aus seiner Mitte heraus zuruft: Die Liebe siegt, nicht der Tod, weil Gott Freude hat an der Liebe. Wenn aber Gott Freude hat an der Liebe, darf kein Einwand gegen die Liebe das letzte Wort behalten, auch nicht der Tod, sonst wäre der Tod der heimliche Gott.

Der Gott Jesu gewährt uns die Freiheit, angesichts des Todes, ja angesichts der Kindergräber zu hoffen, dass die Liebe siegt, nicht der Tod. Ohne Gott ist das unmöglich, mit Gott ist es selbstverständlich. So hat Jesus gedacht und Paulus nicht anders. Mit diesem Wort der Hoffnung dürfen wir einander trösten – *leise* und *diskret*! Und wenn dann der Neuschöpfer Gott dieses Wort der Hoffnung, das wir einander zur gegebenen Zeit zuflüstern dürfen, einlösen wird, dann werden wir sein wie Träumende, dann wird unser Mund voll Lachen und unsere Zunge voll Jubel sein (vgl. Ps 126,1-2). Das Bekenntnis zur Auferweckung der Toten ist nur dann echt, wenn es aus der Freude an der Liebe abgelegt wird. Dieser emotionale Faktor ist nicht auszuklammern. Wer ist also Gott? Gott ist der, dem allein wir *Hoffnung* schuldig sind, während wir einander die Liebe schulden – auch wenn sie scheitert durch den Tod. Manche Theologen nennen das die „Aporie (Ausweglosigkeit) der Liebe".

Mehr noch als diese „Aporie der Liebe" für den Einzelmenschen empört uns das „Scheitern des Ethos" im Kampf um Gerechtigkeit in der Welt. Wir haben dies im Abschnitt über „Kreuzesnachfolge" schon dargestellt und resümieren hier mit Ernst Bloch: „Die Welt ist voll geschlachteter Güte und voll reüssierender Verbrecher, mit langem, friedlichem Lebensabend."[51] Wenn Geduld, Liebe, Tapferkeit des Herzens am Boden liegen, dann gelten Jesu Seligpreisungen den *darüber* Leidtragenden, den *deshalb* nach Gerechtigkeit Hungernden, den *trotzdem* Barmherzigen. „Selig, die hungern und dürsten nach der Gerechtigkeit, denn sie werden satt werden ... Selig, die um der Gerechtigkeit willen verfolgt werden; denn ihnen gehört das Himmelreich" (Mt 5,6.10).

Der treue Gott wird dafür sorgen, dass das Grab nicht der letzte Ort für Gerechte wie Ungerechte bleiben wird. Mit der Gerechtigkeit anzufangen, das ist unsere Aufgabe; die Gerechtigkeit zu vollenden bleibt Gottes Sache.

Wer ist also Gott? Gott ist derjenige, dem allein wir *Hoffnung* schuldig sind, während wir einander Recht und Gerechtigkeit schulden, auch wenn uns dieser Einsatz für gerechtere Beziehungen ins Leiden führt.

Wenn die „neuen Christen" die Hoffnung auf die Auferweckung der Toten im Namen des „natürlichen Alterstodes" aufgeben, so konnten unsere bisherigen Überlegungen zeigen: Es geht bei der Hoffnung auf die „Auferstehung der Toten" oder auf den „Himmel" nicht um ein „Privat-Zückerchen" für Fromme und Selbstgerechte, die mit ihrer Sterblichkeit nicht zurechtkommen, sondern es geht um die Hoffnung auf die Wiederherstellung der beleidigten Liebe und der mit Füßen getretenen Gerechtigkeit. Mit Blick auf diese Welt mag man mit Sigmund Freud realistisch und resignierend feststellen: „Die Absicht, dass der Mensch ‚glücklich' sei, ist im Plan der ‚Schöpfung' nicht enthalten."[52] Der Christ aber glaubt, dass Gott größer ist als diese Welt.

Während der erste Einwand der „neuen Christen" im Namen des „natürlichen Todes" sich gegen jede todüberwindende Hoffnung richtet, hat ein zweiter Einwand speziell das „ewige Leben" im Visier. Der Einwand lautet: „Ewiges Leben" ist unvereinbar mit allem, was wir über das

Menschsein des Menschen wissen und täglich erfahren. Nicht mehr dem Tod, nicht mehr der Schuldhaftigkeit, nicht mehr der Geschlechtszugehörigkeit unterworfen zu sein heißt, kein Mensch mehr zu sein. Der Mensch ist wesentlich ein geschichtliches Wesen, das heißt, jeder Mensch lebt in einer Geschichte, besser in mehreren Geschichten gleichzeitig oder hintereinander, seien diese nun beglückend oder schrecklich oder beides zugleich. Geschichten aber haben immer einen Anfang und ein Ende, und das heißt: Der Mensch ist *wesentlich* ein zeitliches Wesen. Mensch und Zeit gehören so notwendig zusammen wie Gott und Ewigkeit. Die Rede von einem „ewigen Menschen" ist folglich ein Widerspruch in sich: ein hölzernes Eisen. Ein Mensch ohne die Geschichte und ohne seine Geschichten, ohne Veränderung, ohne Entwicklung und Zukunft hört auf, Mensch zu sein.

Ein schwieriger Einwand, der drastisch zeigt, dass wir Sterblichen, die wir uns in einer dreidimensionalen (oder höchstens vierdimensionalen) Welt bewegen, uns ein ewiges Leben unmöglich vorstellen können. Jeder entsprechende Versuch muss scheitern, denn ewiges Leben spielt sich in der Dimension Gottes ab, das heißt in einer mindestens zehndimensionalen Welt, die uns in Raum und Zeit gefangenen Menschen gleichsam zu Nachtfaltern macht, die vom Licht der Sonne reden sollten. Nach dieser grundsätzlichen Warnung könnte man dem zweiten Einwand der „neuen Christen" mit dem Hinweis auf Gottes *bleibende* Unbegreiflichkeit begegnen und in menschlichen Worten (andere haben wir nicht) so sagen: Wir werden „im

Himmel" gemeinsam in Gottes Geheimnis hineingehen, ja in Gottes unmittelbare Offenheit hineingerissen werden. In diesem ekstatisch beglückenden Gang gelangen wir an kein Ende, weil die bleibende Unbegreiflichkeit Gottes auch „in Ewigkeit" vom Geschöpf nicht ausgelotet werden kann. So geht auch der vollendete Mensch in eine Zukunft, aus der ihm die Macht des Lebens schlechthin gegenwärtig ist.

Der zweite Einwand der „neuen Christen" läuft auf den Verdacht hinaus, der sterbliche Mensch werde unter dem Ewigkeitsaspekt unter der Hand zu einem Gott (die Ostkirche redet denn auch bevorzugt von der *Vergöttlichung* des Menschen in Gottes Jenseits). Dem ist entgegenzuhalten: Unser Leben hier und heute ist nach christlichem Verständnis durch und durch Gabe und Geschenk Gottes, radikal verdanktes Sein. Das bekennen wir, wenn wir Gott als unseren Schöpfer loben. Wenn nun der ewige Gott in einer fortwährenden (Neu)-Schöpfung uns ewig Leben schenken will, bleiben wir ewig verdankte, endliche Menschen – und werden keine Götter. In diesem Sinn könnte man auch sagen: Die Toten leben im *schöpferischen* Gedächtnis Gottes, das die Toten nicht einfach als Gewesene erinnernd „aufbewahrt", sondern sie in einer „creatio continua" ewig neu schafft, weil Gott immer schöpferisch wirkt. Die „neuen Christen" meinen, die Toten lebten nur in unserem Gedächtnis. Aber auch ganz abgesehen davon, dass in unserem Gedächtnis nur „Erinnerungen" leben und keine wirklichen Personen: Wenn die Toten nur in unserem sterblichen Gedächtnis leben, ist nach drei Generationen alles vorbei. Mein Urgroßvater lebt nicht mehr im

Gedächtnis seiner Nachfahren, weil diese ihn nicht mehr gekannt haben. Nur wenn wir im schöpferischen Gedächtnis des *ewigen* Gottes leben, ist es sinnvoll, von einem „ewigen Leben" zu reden.

Ein dritter Einwand der „neuen Christen" lautet: Der Himmel interessiert uns nicht, denn wir haben als Christen genug auf dieser Erde zu tun. Der christliche Glaube gibt uns genug Freude im Hier und Heute; er gibt uns genug Kraft für die notwendige Arbeit am unvollendeten Menschenhaus.

Für die „neuen Christen" ist das traditionelle Christentum so sehr vom „Jenseits" fasziniert, dass es diese Welt mit ihren kleinen Freuden und großen Leiden gar nicht mehr ernst nehmen könne. Diese Gefahr bestand zweifelsohne in einigen Epochen der Kirchengeschichte, ist aber heute weitgehend gebannt. Darum nochmals: Keine glaubwürdige Rede von einem Leben *nach* dem Tod ohne radikalen Einsatz für ein menschenwürdiges Leben für alle *vor* dem Tod. Keine Rede von einem „neuen himmlischen Jerusalem" ohne täglichen Einsatz für eine bewohnbare Stadt hier und jetzt. Keine Rede von ewiger Freiheit ohne mutige Unterstützung der Freiheits- und Emanzipationsbewegungen dieser Erde. Keine glaubwürdige Rede vom „engelgleichen" Leben in Gottes Ewigkeit, solange wir hier auf Erden den Eros und die Sexualität verdächtigen, gar verketzern.

Diese Evidenzen vorausgesetzt, würde ich einem Christen hierzulande, der mir sagt: „Ein Jenseits interessiert mich nicht, weil mir das Christentum genug Sinn auf dieser Erde gibt", antworten: Es kommt im Christentum nicht in erster Linie darauf an, was dich interessiert, sondern was Gott mit uns vorhat. Die Frage nach dem persönlichen Interesse ist vielleicht doch eine allzu *bourgeoise* Einstellung zu diesem Thema, zumal du auf der Schokoladenseite dieses Planeten leben darfst.

Ob wir an die Unsterblichkeit der Seele glauben und für die Botschaft von der Auferweckung der Toten nur Spott übrig haben, wie die Athener auf dem Areopag (vgl. Apg 17,32); ob wir im Sinne der europäischen Moderne den „natürlichen Ganztod" des Menschen verteidigen und die Botschaft von der Totenerweckung als Mythologie von vorgestern abtun; ob wir, wie zahllose Zeitgenossen (auch Christen), an die Seelenwanderung glauben und für die Rede von der Auferweckung der Toten nur ein müdes Lächeln übrig haben – sicher ist: Die christliche Botschaft vom Gott, der die Toten erweckt (Röm 4,17), steht immer quer zu unseren jeweiligen Todestheorien und bleibt folglich für die Vernunft eine Zumutung und ein Skandal. Mögen wir den Tod als etwas „Natürliches" oder etwas „Widernatürliches" ansehen, darauf kommt es letztlich nicht an: Denn die Hoffnung auf die Auferweckung der Toten gründet nicht in unseren Theorien über den Tod, sondern einzig und allein in Gottes Freiheit.

Die traditionelle Theologie hat im Laufe der Jahrhunderte zweifelsohne immer wieder das Bilderverbot übertreten, indem sie allzu viel über Gott und Gottes Ewigkeit zu wissen vorgab. Man darf sich aber fragen, ob die „neuen Christen" sich ans Bilderverbot halten, wenn sie so genau und dezidiert zu wissen meinen: Mit dem Tod ist alles aus! Auch hier ehren wir Gott, indem wir ihn freilassen.

Es gibt nicht nur eine klerikal-dogmatische Gefangennahme Gottes, sondern auch eine sehr profane, sehr „vernünftige" Gefangennahme Gottes. Lassen wir doch Gott frei! Lassen wir uns doch überraschen!

3. Und die Täter?

Gott – so haben wir gesehen – hat unsere beklemmende Frage „Warum gibt es Leid?" durch die Auferweckung Jesu, des ermordeten Gerechten, in Hoffnung verwandelt. Seit Ostern dürfen wir hoffen, dass die unschuldigen Opfer der menschlichen Unrechtsgeschichte und der nicht abreißenden Naturkatastrophen nicht im Nichts verschwinden oder auf dem „kosmischen Abfall" landen, sondern von Gott im Tod aufgefangen werden, oder, wie der Volksmund sagt: Sie kommen in den „Himmel". Dabei dürfen wir uns den Himmel nicht als „privates Tête-à-Tête" (Gisbert Greshake) mit Gott denken, sondern als soziale Größe. Weil Gott in seinem Reich unsere hier und heute *angefangene* Gerechtigkeit und Liebe *vollenden* will, geht es im Himmel nicht primär um „meine Seele und meinen Gott" (Augustinus), sondern um die solidarische Liebesgemeinschaft untereinander und mit Gott. Dies suggerieren denn auch die biblischen Bilder vom Hochzeitsmahl und von der „neuen Stadt". Die christliche Hoffnung ist kein egoistischer Selbsterhaltungstrieb über den Tod hinaus, sondern Hoffnung auf eine neue, unzerstörbare Gemeinschaft. „Erst wo unsere Hoffnung für die andern mithofft, wo sie also unversehens die Gestalt und die Bewegung der Liebe und der Communio annimmt, hört sie auf, klein und ängstlich zu sein und verheißungslos unseren Egoismus zu spiegeln."[53]

Weil der Himmel eine soziale Größe ist, kann ich mich nicht allein retten. Wir müssen vielmehr einander mit in den Himmel nehmen. Ein tröstlicher Gedanke, denn er besagt im Horizont der Liebe nicht weniger als dies: Ich darf auf Rettung hoffen, weil andere Menschen, die frömmer sind als ich und mich gern haben, nicht ohne mich im Reich Gottes sein wollen. Wenn jeder jemanden gern hat und ihm die Hand reicht und dieser wieder einer anderen und so fort, bilden wir zuletzt eine unendliche Solidaritäts- und Liebeskette und reißen so einander mit in den Himmel: die Frommen, die weniger Frommen, aber alle Liebende (und Liebende gehören zusammen für Zeit und Ewigkeit – so hat es Gott gefallen). Charles Péguy hat diesen Gedanken einmal so formuliert: „Wir müssen uns zusammen retten; zusammen bei Gott ankommen, gemeinsam vor ihn hintreten. Wir dürfen nicht die einen ohne die anderen bei ihm anklopfen. Alle miteinander müssen wir ins Haus unseres Vaters zurückkehren. Man muss auch ein wenig an die anderen denken, für die anderen arbeiten. Was würde Gott wohl sagen, wenn wir ohne die anderen bei ihm ankämen, ohne die anderen zu ihm heimkehrten?"[54]

Mit diesem Gedanken des französischen Dichters Charles Péguy ist ein Problem angesprochen, das wir bisher ausgeblendet haben: Was geschieht mit den Tätern? Werden auch sie gerettet? Bisher hatten wir nur die unschuldigen Opfer im Blick. Unbestritten gibt es auch unzählige Menschen, die

Opfer *und* Täter sind – und falls es Menschen gibt, die nur Täter sind, was geschieht mit diesen? Die christliche Tradition hat auf diese Problematik mit der Lehre vom Gericht, vom Fegfeuer und von der Hölle zu antworten versucht. Zahlreiche Christen und Christinnen können heute mit diesen Lehren nichts mehr anfangen, und auch die (professionellen) Glaubensverkünder sind in nicht geringer Verlegenheit. Was kann man hierzu im 21. Jahrhundert sagen, ohne dem Geheimnis Gottes zu nahe zu treten?

Als Einstieg in diese Problematik mag ein Wort von Origenes († 254) uns führen. Der große alexandrinische Theologe nennt Gott „die Macht der freien Gewinnung". Wenn wir diese ungewohnte Umschreibung Gottes aufnehmen, stellt sich die Frage so: Wird es Gott, der das Heil aller will (1 Tim 2,4) und der „die Macht der freien Gewinnung" ist – wird es diesem Gott auch gelingen, alle seine freien Geschöpfe in seinem Reich der Freiheit zu versammeln, oder müssen wir mit Augustinus und allen seinen Nachfolgern bis in unsere Tage annehmen, dass die Menschheit ewig in zwei unversöhnte Lager auseinanderbricht: in ein Reich der Freiheit und der Liebe einerseits und ein Reich des Entsetzens und des Hasses andererseits, wobei die Seligen sich noch zusätzlich an den Qualen der Verdammten freuen, gar ergötzen dürfen (wie Tertullian und Augustinus, Petrus Lombardus, Bonaventura, Thomas von Aquin und viele andere Heilige und weniger Heilige gemeint haben)?

3.1. Gericht und Fegfeuer

Die Vollendung des Einzelnen wie der Menschheit insgesamt geschieht nach christlichem Verständnis durch das Gericht hindurch, weil Gott unsere Freiheit und Verantwortung ernst nimmt. Wo aber vom Gericht geredet wird, muss nach katholischem Verständnis auch vom sog. Fegfeuer die Rede sein, denn die Lehre vom Fegfeuer gibt dem Gedanken Ausdruck, der Mensch werde im Tod durch ein schmerzhaftes Gericht hindurch geheilt und vollendet.

Allerdings ist der Gedanke an eine Läuterung im Tod oder nach dem Tod (das meint der wenig glückliche Ausdruck Fegfeuer) der Kirche nicht über Nacht zugeflogen, sondern in einer langen, bis heute nicht ganz aufgearbeiteten Geschichte erst nach und nach entdeckt worden. Die Anfänge dieser Entdeckung reichen bis in die letzte Hälfte des 2. Jahrhunderts zurück; zum Abschluss gekommen ist sie erst im Übergang vom 12. zum 13. Jahrhundert. Das ist nicht verwunderlich; denn die Bibel lässt uns in Fragen des Fegfeuers zunächst im Stich. Ist aber der Gedanke der Läuterung und Reinigung jenseits der Todesgrenze erst einmal *entdeckt*, lassen sich Bibelstellen finden, die in dieser Richtung gedeutet werden können (2 Makk 12,45; 1 Kor 3,10–15; Mt 5,26; 12,31–32).

Exkurs:
Die Entdeckung des Fegfeuers

Ungeachtet aller strittigen historischen Detailfragen darf man drei simple menschliche Erfahrungen nennen, die wesentlich zur Entdeckung des Fegfeuers beigetragen haben.

Die *erste* Erfahrung: Die Liebe ist stärker als der Tod. Weil das Ende der Welt (der „Jüngste Tag") auf sich warten ließ, wurde die Frage nach dem Schicksal der Verstorbenen zwischen Tod und Auferweckung dringlicher. Die Liebe wurde erfinderisch: Sie akzeptiert nicht ohne Weiteres die Trennung zwischen Lebenden und Verstorbenen, weil sie weiß: Liebende gehören zusammen in Zeit und Ewigkeit. Diese solidarische Liebesgemeinschaft zwischen Lebenden und Verstorbenen begannen Christinnen und Christen liturgisch zu feiern, indem sie für ihre lieben Verstorbenen beteten, in der Absicht, ihnen das Los im Jenseits zu erleichtern. Damit gaben sie der Hoffnung Ausdruck, dass in Gottes Jenseits noch offene Möglichkeiten bestehen, dass wir einander – in der Liebe vereint – auch übers Grab hinaus zu tragen vermögen. Dabei konnten sich die Christen auf das 2. Makkabäerbuch berufen. Dort wird es als „ein heiliger und frommer Gedanke" bezeichnet, für die Verstorbenen zu beten, damit sie von ihren Sünden befreit werden (vgl. 2 Makk 12,45). Mit dieser frühchristlichen Gebetspraxis, die in der Ost- und Westkirche seit dem späten 2. Jahrhundert bezeugt ist, wurde das Tor zum Fegfeuer einen Spalt weit geöffnet (um eine räumliche Metapher zu bemühen).

Die *zweite* Erfahrung, in Frageform formuliert: Wie kann ein Mensch, der an Gott und den Menschen schwer schuldig geworden ist, seine *Selbstachtung* und sein *Selbstwertgefühl* wiedergewinnen? Antwort: Wohl nur so, dass er seine Schuld eingesteht und Wiedergutmachung zu leisten bereit ist. Diese Erfahrung ist die geheime Triebfeder von Cyprians († 258) komplizierter Bußlehre und Bußpraxis, die die entstehende Fegfeuerlehre entscheidend mitgeprägt hat. Cyprian, Bischof von Karthago, macht sich Sorgen um die vielen Durchschnittschristen, die während der Christenverfolgung ihren Glauben verleugnet haben. Wenn diese abgefallenen Christen um Versöhnung mit Gott und der christlichen Gemeinde, die sie verraten haben, nachsuchen, so kann ihnen diese Versöhnung erst voll gewährt werden, wenn sie durch *öffentliche* Buße den Ernst ihrer Umkehr unter Beweis stellen und den Schaden, den sie der Gemeinde zugefügt haben, wiedergutmachen. Was aber, wenn diese reuigen, bußwilligen Sünder vor Ablauf ihrer Bußzeit sterben? Cyprians Antwort im Anschluss an Mt 5,26: Sie können in Gottes Ewigkeit ihre Buße zu Ende führen. Damit ist in der westlichen Kirche der Gedanke an ein reinigendes und sühnendes Strafleiden nach dem Tode geboren.

Die *dritte* Erfahrung: Mensch zu werden ist ein langer und mühsamer (Lern-)Prozess. Diese Erfahrung bewegt die großen alexandrinischen Theologen Clemens († 215) und Origenes († 254). Beide Theologen stellen die christliche Existenz unter den griechischen Gedanken der Erziehung (*paideia*). Gott, der große Pädagoge, nimmt den unvollkommenen Menschen von Anfang an an die Hand und erzieht ihn ein Leben lang – auch und gerade durch Leiden. Dieses erzieherische Wirken Gottes macht an der Schwelle des Todes nicht halt. Das „reinigende Feuer" Gottes kann den unvollkommenen Menschen auch noch nach dem Tode zur endgültigen Reife „freibrennen". Auf diese Weise gewinnen die beiden Alexandriner einen Schlüssel zur Deutung des geheimnisvollen paulinischen Textes aus dem 1. Brief an die Korinther: Der Mensch wird am Tag des Gerichts „wie durch Feuer hindurch" gerettet (1 Kor 3,15).

Diese drei Grunderfahrungen stehen am Anfang der Fegfeuerlehre. Allerdings dauerte es noch Jahrhunderte, bis die offizielle Kirche in dieser „dunklen Frage" (Augustinus) Stellung bezogen hat. Die Neugierde der Theologen sowie die blühende Phantasie der Mönche und des Volkes, unterstützt durch Fegfeuerträume, Fegfeuervisionen und in Trance erlebte Jenseitsreisen, ließen immer wieder die personalistische Dimension der drei Grunderfahrungen vergessen, sodass die frei schwebende Fegfeuerphantasie oft in eine Verdinglichung abdriftete, die dem Grotesken, ja Albernen Tür und Tor öffnete: Man diskutierte, wo das Fegfeuer zu *lokalisieren* sei, wo der *Eingang* zum Fegfeuer sich befinde (in Irland oder doch eher in Sizilien in der Nähe des Ätnas), wie die arme Seele wohl *gequält* werde (durch Hitze oder Kälte, durch Dämonen oder Skorpione), wie viele heilige Messen und Ablässe nötig seien, um die Fegfeuerzeit um Monate oder Jahre zu verkürzen, usw. Probleme dieser Art bewegten die fromme Phantasie auch dann noch, als die offizielle Fegfeuerlehre längst feststand. Diese fand ihre *theologische* Formulierung im Übergang vom 12. zum

13. Jahrhundert und wurde von der Westkirche *offiziell* zum ersten Mal in der Auseinandersetzung mit der Ostkirche im 13. und 15. Jahrhundert kurz formuliert und zum zweiten Mal in der Auseinandersetzung mit der Reformation auf dem Konzil von Trient (1545–1563) wiederholt. Dabei hat die Kirche den in ihrem Schoß gewachsenen Fegfeuerglauben (vox populi – vox Dei) aufgegriffen, gereinigt und kurz so formuliert: „Es gibt einen Reinigungsort (purgatorium), und die dort festgehaltene Seelen finden eine Hilfe in den Fürbitten der Gläubigen, vor allem in dem Gott wohlgefälligen Opfer des Altars." Nüchterner geht es nicht. Wir sind weit entfernt von jenen populären Vorstellungen, die das Fegfeuer als „riesige Folterkammer", gar als „kosmisches Konzentrationslager" oder als „Hölle auf Zeit" sich vorstellen. Weder wird der Feuercharakter des Fegfeuers festgehalten noch etwas über die zeitliche Ausdehnung des Fegfeuers gesagt. Nun sind die Theologen gefordert: Wie soll man sich im 21. Jahrhundert einen Reinigungsort (purgatorium) vorstellen, an dem die Seelen zur Läuterung festgehalten werden?

Fegfeuer – was ist das? Ein Deutungsversuch

Das Fegfeuer ist wohl eine Dimension des Gerichtes Gottes über die Menschen, wobei wir die theologische Streitfrage zunächst getrost ausklammern können, ob und wie das „besondere Gericht" über den Einzelnen im Tod vom „allgemeinen Gericht" über die Menschheit am Ende der Zeit (am „Jüngsten Tag") zu unterscheiden sei, denn die Bibel kennt nur *ein* Gericht über alle und jeden am Ende, d. h. am „Tag des Herrn". Ob mit diesem „Ende" das Ende der Menschheit oder das Ende des je Einzelnen gemeint ist, ist nicht entscheidend, solange wir den Doppelaspekt des Gerichtes im Auge behalten: Das Gericht betrifft nicht nur mich als je Einzelnen, sondern ebenso sehr mich als Glied eines reichen Volkes und als Teil der leidenden Menschheit. Deshalb darf man vielleicht (auch mit Karl Rahner) sagen: Das persönliche Gericht ist gleichzeitig das allgemeine Gericht, und das allgemeine Gericht ist gleichzeitig das persönliche Gericht. Wie aber dieser Doppelaspekt des Gerichtes sich konkret vollzieht, bleibt für uns unausdenkbar und darf deshalb getrost dem nicht endenden Disput theologischer Spezialisten überlassen werden.

Weil aber für jeden von uns sein eigener Tod das „Ende" ist, dürfen wir zunächst Gericht und Fegfeuer in die nächste Nähe zum Tod bringen, ja vielleicht als im Tode sich ereignend denken und in metaphorischer Sprache so sagen:

Im Tod fallen alle Masken. Die Zeit, sich hinter Ämtern, Titeln und Privilegien zu verstecken, ist vorbei. In dieser unverstellten Begegnung mit Gott, dem Heiligen und

Liebenden, geht mir blitzartig auf, was ich hätte werden können und was ich in Wirklichkeit geworden bin. So wird die unverhüllte Gottesbegegnung gleichzeitig zur unverhüllten Selbstbegegnung: Das Gericht wird zum Selbstgericht. Das Licht aber, das mir die Augen über mich selbst aufgehen lässt, kommt nicht aus mir, sondern aus der Begegnung mit jenem Gott, den wir als den Heiligen und Liebenden bekennen. Dieses „Aug' in Aug' mit Gott" wird so zum erschütternden und schmerzlichen Augenblick der eigenen Wahrheit. Mein Versagen in der Gerechtigkeit und mein Zurückbleiben in der Liebe wird offenbar. So muss im Gericht jeder die Wahrheit über sein Leben schmerzhaft erleiden. Schuld kann nicht einfach zugedeckt werden, denn das Christentum ist keine Religion des „lieben Gottes", sondern eine Religion des wahren Lebens. Das naivgutmütige Übersehen der Schuld, wie wir es im modernen Unschuldswahn und im Horizont der „billigen Gnade" so gern erträumen, wäre letztlich ein Nicht-ernst-Nehmen des Menschen. Gott aber bringt immer – auch im Gericht – der menschlichen Freiheit und Verantwortung unbedingte Achtung entgegen.

Dieses Ernstnehmen des Menschen im Gericht schließt Konfrontation und Erbarmen mit ein. Der Mensch muss sich seinen Geschichten und seiner Geschichte stellen. Schuld muss aufgearbeitet werden, dann kann sie auch vergeben werden. Diese schmerzliche Aufarbeitung in Reue und Scham und Bitte um Vergebung – ein Erleiden der Wahrheit und ein Reifen in ihr – geschieht im Gericht, das zugleich Fegfeuer ist.

Weil Gott, der das Heil aller will, Liebe ist, dürfen wir das soeben Gesagte auch so präzisieren: Gericht (und Fegfeuer) ist jener Augenblick im Tod, in dem wir mit unausweichlicher Klarheit erkennen, dass wir zu wenig lieben, zu wenig geliebt haben und deshalb verloren sind – und trotzdem und gleichzeitig auf die Macht Gottes, die Macht der Liebe angewiesen bleiben, weil wir nur in der Liebe die Erfüllung unserer Sehnsüchte finden können. In diesem dramatischen Aug' in Aug' zwischen menschlichem Liebesdefizit und menschlicher Liebessehnsucht einerseits und göttlichem Liebeswillen und göttlicher Liebesmacht andererseits wird sich der Mensch – so ist zu hoffen – tief beschämt und deshalb unter Schmerzen in die Arme der Liebe (Gottes) werfen. So geschieht im Gericht Läuterung und Heilung zugleich. „Gericht" – so schreibt Romano Guardini – „ist der letzte Akt der Liebe – Vollendung der Liebe."[55]

Das wird nur dann richtig verstanden, wenn wir ein Zweifaches mitbedenken.

Erstens ist Liebe mehr als ein Gefühl, das unsere Schnulzen zu besingen nicht müde werden, mehr auch als jene passive Gutmütigkeit, die letztlich kein Interesse an der Wahrheit des Geliebten hat. Liebe ist das Anspruchsvollste, das wir kennen, weil sie in ihrem Schoß Recht, Wahrheit und Güte vereint und folglich den Geliebten nur durch Wahrheit und Recht hindurch „sein lässt" – ihn dann aber auch zum Blühen bringt. Angesichts dieser Liebe – Gott genannt – einsehen zu müssen, dass wir uns zu wenig haben lieben lassen, selbst zu wenig geliebt haben, ja die Liebe oft verraten haben, ist wohl schmerzlicher, als es eine äußere Strafe sein könnte. „Die *Trauer* der Liebe ist schwerer zu ertragen als der Zorn eines überhöhten Vaters", schreibt der große französische Philosoph Paul Ricoeur.[56]

Zweitens gilt es zu bedenken, dass dieser verwandelnde „Augenblick" sich irdischen Zeitmaßen entzieht. Natürlich können wir uns diesen vorübergehenden „Augenblick" nur „zeithaft" denken, aber es wäre verfehlt, wollten wir ihn als lang oder kurz taxieren, ihn gar mit Uhr und Kalender messen. Sein „Zeitmaß" liegt in der Tiefe der Abgründe dieser Existenz, die ausgeschritten, umgebrannt werden müssen.

Das Maß dieser „Existenzzeit" heißt Intensität: Intensität der Reue, Intensität der Scham, Intensität der Bitte um Vergebung.

Das Gericht, verstanden als endgültige Begegnung mit jenem Gott, den wir als Liebe glauben, ist ein tröstlicher Gedanke. Alle Menschen, die während ihres Lebens nie Liebe erfahren haben, sondern von Kindesbeinen an getreten worden sind (und deshalb als Erwachsene auch zurückgetreten haben), erhalten so im Gericht vielleicht zum ersten Mal die Chance, der Liebe zu begegnen, und sie werden diese Chance wohl kaum ausschlagen.

Nach neutestamentlichem Verständnis ist der Richter nicht einfach Gott, sondern Jesus Christus (Joh 5,22; Apg 10,42; 2 Tim 4,1; 1 Petr 4,5). Damit erhalten die bisherigen Überlegungen eine weitere Präzisierung. Der Gott, der uns im Gericht gegenübersteht, ist jener Gott, der unsere Erdenschwere aus eigener Erfahrung kennt. Das richtende Wort kommt deshalb nicht überfallartig „von oben", von einer

Instanz, die vom Schmerz und der Schwäche der Welt unberührt ist, sondern von jenem Jesus, der mit uns solidarisch geworden ist bis zum Tod. Weil der Richter kein anderer ist als jener Menschensohn, der aufgebrochen ist, uns zu retten, wird das Gericht nicht Vergeltung, sondern Heimholung sein. Der liebende Blick Jesu wird jeden auch noch so kleinen und unscheinbaren Anfang unserer Liebe und Gerechtigkeit aufzuspüren und zur vollen Reife zu bringen wissen. In dieser Perspektive lassen sich wohl auch jene Worte des Apostels Paulus lesen, die die Kirchenväter schon früh als Beleg für das Bild eines „reinigenden Feuers" im Jenseits Gottes verstanden haben. Paulus schreibt an die Gemeinde in Korinth, dass auf dem gelegten Grund – auf Jesus Christus – die einen mit Gold oder Silber oder Edelsteinen weiterbauen, andere mit Holz, Heu oder Stroh. Was aber einer gebaut hat, wird der Tag des Herrn ans Licht bringen, „weil es im Feuer offenbart wird. Das Feuer wird prüfen, was das Werk eines jeden taugt. Hält das stand, was er aufgebaut hat, so empfängt er Lohn. Brennt es nieder, dann muss er den Verlust tragen. Er selbst aber wird gerettet werden, doch so wie durch Feuer hindurch" (1 Kor 3,13–15). Jesus, der Retter und Heiland selbst, wird das Feuer sein, das die Erstarrungen und Rückstände unserer Trägheit, Gleichgültigkeit und Schuld wegbrennt. Seine Liebe wird unser verschlossenes Herz freibrennen, sodass wir gerettet werden „wie durch Feuer hindurch".

Jeder Mensch wird am Tage des Gerichts die Wahrheit über sein Leben verantworten und erleiden müssen. Darf der Mensch die Perspektive auch umdrehen und am Tage des Gerichts auch Gott Fragen stellen? Ja, er darf, meint Romano Guardini.[57] In seinem Sinne formuliert: Weil der Abschied nehmende Jesus seine Jünger Freunde nennt, die im Unterschied zu den Knechten wissen dürfen, was der Freund wollte und will (Joh 15,15–16), darf der Mensch im Gericht auch sein unbeantwortetes Warum einbringen, sein ganz persönliches Warum und auch jenes Warum, das Gottes große Welt betrifft. Zu Gottes Welt gehören nämlich nicht nur die unzähligen Opfer von Erdbeben- und Flutkatastrophen, sondern auch die „unabsehbare Zahl derer, die von Natur aus zu kurz gekommen sind, die nie die Chance hatten, ein volles Menschenleben zu erreichen, die leiblich und geistig Verkrüppelten, die früh verstorbenen Kinder, die um ihr Leben Betrogenen, die Infantilen, die Dummen, die nie Erwachten".[58] Das ist ein Defizit, das nicht wir Menschen (allein!) zu verantworten haben und das trotzdem zum Himmel schreit. Wir brauchen am Tage des Gerichts nichts von alledem zu unterdrücken, was uns an Fragen, Klagen und Sehnsüchten hier und jetzt bewegt, ohne Antwort zu finden. Und Gott wird antworten, nicht theoretisch, sondern so, dass er den beleidigten und gezeichneten Einzelnen wie auch die gequälten Völker in ihr Recht einsetzt.

„Richtet nicht, damit ihr nicht gerichtet werdet" (Mt 7,11). Dieses Wort Jesu muss uns auf unserem Weg durchs Leben begleiten. Und in unserem Versagen mag uns das johanneische Wort trösten: „Wenn das Herz uns auch verurteilt – Gott ist größer als unser Herz" (1 Joh 3,20). Für die meisten Menschen, die Täter und Opfer zugleich sind, wird somit die Rede vom Fegfeuer zur Frohbotschaft, die ihnen Rettung verspricht.

Zwei Fragen sind aber bisher noch nicht zur Sprache gekommen:

1. Was geschieht mit den durch und durch bösen Menschen?
2. Ist das Gericht nur ein Begegnungsgeschehen zwischen dem schuldigen Menschen und dem richtenden Gott? Verlangt das Gericht nicht auch die Konfrontation zwischen Täter und Opfer?

3.2. Und die Hölle?

Nachdem Benedikt XVI. in seiner Hoffnungsenzyklika (*Spe salvi*) dargelegt hat, dass die meisten Menschen gut und böse zugleich sind und folglich durch Gericht und Fegfeuer hindurch gerettet werden, fährt er so fort: „Es *kann*[59] Menschen geben, die in sich den Willen zur Wahrheit und die Bereitschaft zur Liebe völlig zerstört haben. Menschen, in denen alles Lüge geworden ist; Menschen, die den Hass gelebt und die Liebe in sich zertreten haben. Dies ist ein furchtbarer Gedanke, aber manche Gestalten gerade unserer Geschichte lassen in erschreckender Weise solche Profile erkennen. Nichts mehr wäre zu heilen an solchen Menschen, die Zerstörung des Guten unwiderruflich: Das ist es, was mit dem Wort *Hölle* bezeichnet wird."[60] Mehr sagt der Papst in seiner Hoffnungsenzyklika zur Hölle nicht, und seinem Gedankengang muss um der Freiheit des Menschen willen zugestimmt werden, zumal der Papst im Möglichkeitsmodus redet: „Es kann Menschen geben..." und nicht: „Es gibt Menschen...".

Die Theologen sind in Sachen „Hölle" in nicht geringer Verlegenheit. Eine kleine, aber lautstarke Gruppe schürt nach wie vor das Höllenfeuer und geht wie eh und je mit der Angst hausieren. Andere ziehen es vor, sich in dieser Frage ins Schweigen zurückzuziehen. Und die, die reden, versuchen auf einem zweifachen Weg, sich diesem dunklen Thema zu nähern. Verfolgen wir ihre Spuren.

Verschwinden die Verbrecher im Nichts?

Wenn Gott in seinem Reich *vollenden* will, was hier und heute (an Gerechtigkeit und Liebe) angefangen hat, so liegt der Gedanke auf der Hand: Wo nichts angefangen hat, gibt es auch nichts zu vollenden. Wenn die Auferweckung der Toten kein neutrales Ereignis ist, sondern – biblisch gesehen – ein Heilsereignis, das heißt ein Geschenk des Schöpfers und Neuschöpfers, dann darf wohl gelten: Wer die Gerechtigkeit mit Füßen getreten und sich auf die Liebe nicht eingelassen hat, bleibt im Tod, im Nichts.

In dieser Richtung sucht denn auch eine moderne französische Dominikanerschule mit ihren drei Vertretern Christian Duquoc, Jean-Pierre Jossua und Edward Schillebeeckx eine Lösung. Die subtilen und bisweilen komplizierten Gedankengänge und Argumentationsstränge dieser Theologen sollen hier nicht verfolgt, sondern nur ihr Ergebnis festgehalten werden: Der auferstandene Christus hat uns nicht als Waisen zurückgelassen, sondern als Geschenk seiner Auferstehung den Geist gesandt. Dieser Geist lockt uns, uns auf die Liebe einzulassen, ein Dasein für andere zu wagen. Wer sich auf dieses Reich der Gerechtigkeit und Liebe einlässt, den wird Gott aus dem zweiten Tod erretten. Die zerstörerische Unterdrückung aber ist ohne Hoffnung, nicht wegen einer kommenden äußeren Strafe (Hölle), sondern wegen ihrer eigenen Logik. Wer nämlich andere unterdrückt und verachtet, der bringt nichts hervor, das geeignet wäre, ins kommende Reich der Freiheit und der Liebe hinein vollendet zu werden. Gott rächt sich nicht, er verhängt keine ewigen Strafen, er lässt nur die Unterdrücker ihren Weg gehen … ins Nichts. Das kommende Reich Gottes wird nicht von einem ewigen Reich der Finsternis umgeben sein; außerhalb des vollendeten Reiches Gottes „ist" nur das Nichts. Der paulinische Satz: „Der Lohn der Sünde ist der Tod" (Röm 6,23) ist wortwörtlich zu nehmen. Gott, der Neuschöpfer, besiegt den Tod für alle jene, die in dieser Welt das Reich Gottes – wie armselig auch immer – vorauspraktiziert haben; die zerstörerische Gewalt, die nichts vom Reiche Gottes vorwegzunehmen vermag, verschwindet gemäß ihrer eigenen Logik im Nichts, sodass die Seligen davor bewahrt werden, sich an den Qualen der Verdammten freuen zu müssen.

Diese auf den ersten Blick elegante Lösung kann sich nur auf einen ganz dünnen Strang innerhalb der jüdisch-christlichen Tradition berufen; in der „orthodoxen" katholischen Tradition hat sie nie Heimatrecht gefunden (was nicht verwunderlich ist, sitzt doch der Racheimpuls tief im menschlichen Herzen). Zudem setzt die Hypothese voraus, dass der Mensch im Tod ganz stirbt, völlig erlischt. Damit aber geraten wir in den Streit der (philosophischen) Meinungen; denn für viele Menschen ist es evident, dass im Tod nicht alles am Menschen erlischt. Die christliche Hoffnung wird damit von einer umstrittenen menschlichen Todes*theorie* abhängig, was recht problematisch ist. Oder man muss annehmen, dass Gott die Bösen im Tod vernichtet, was nicht weniger problematisch ist, denn Gott hasst nichts von dem, was er geschaffen hat (vgl. Weish 11,24).

Bleibt als Alternative also nur die augustinische Hölle

mit dem dazugehörenden grausamen Gott, bei dem die Gerechtigkeit und die Barmherzigkeit so weit auseinandergerissen werden, dass sie nicht mehr in die schöpferische Agape (Liebe) hinein aufgehoben werden können? Oder biblischer gefragt: Sollte der irdische Jeus, der sich geweigert hat, Gewalt mit Gewalt zu vergelten, beim Gericht plötzlich ein anderer geworden sein? Wäre dann Jesus Christus nicht nachträglich auf die Logik der Welt eingeschwenkt: Liebe ist recht, aber Gewalt (Hölle) ist besser?

Sind wir Gefangene dieses schlimmen Dilemmas: entweder die augustinische Hölle, die dem Terror das letzte Wort belässt, oder das Verschwinden der Übeltäter ins kosmische Nichts? Es gibt Theologen, die eine dritte Möglichkeit sehen.

Gott – die Macht der freien Gewinnung, oder: Hoffnung für alle

Es gilt in dieser dunklen Frage zwei Wahrheiten gleichzeitig festzuhalten, ohne den Anspruch zu erheben, sie in einer Synthese vereinen zu können:

Erste Wahrheit: Die Hölle bleibt eine reale *Grenzmöglichkeit*, die mit der Freiheit des Menschen gegeben ist. Das Reich Gottes ist ein Reich der Freiheit, zu dem nur Freie freiwillig Zutritt haben. Wenn ein Mensch von diesem Reiche Gottes nichts wissen will, so nimmt Gott diese Entscheidung ernst. Gott verdammt niemanden; wenn aber ein Mensch ohne Gott sein will, respektiert Gott diesen Entschluss.

Zweite Wahrheit: Die Hölle ist letztlich auch eine Niederlage und Tragödie Gottes. Gott, der uns nicht braucht, um Gott zu sein, will nicht ohne uns Gott sein. In dieser dramatischen Liebesgeschichte hört Gott in keinem Augenblick auf, um uns zu werben, denn er will, „dass alle Menschen gerettet werden und zur Erkenntnis der Wahrheit gelangen" (1 Tim 2,4).

Sollte es Gott nicht gelingen, alle zu gewinnen, uns alle zu überzeugen, dass er uns liebt und unser Glück will, wäre das letztlich auch eine Niederlage und ein Schmerz Gottes – wie dies jene Eltern nur zu gut wissen, die ohnmächtig der Selbstzerstörung ihres Kindes etwa in einer Sekte oder in der Drogenszene zusehen müssen.

Dort, wo die Möglichkeit der Hölle sich ankündigt, „meldet sich ... der Gedanke einer Tragödie, für den Menschen nicht nur, sondern für Gott selbst", schreibt Hans Urs von Balthasar.[61] An eine endgültige Niederlage Gottes aber vermag ich nicht zu glauben.

Uns Menschen gelingt es oft nicht, gefährliche Gesetzesbrecher in ihrem Inneren zu erreichen. Folglich bleibt uns, schon aus Sicherheitsgründen, oft kein andere Möglichkeit, als die Übeltäter einzusperren – oft ein Leben lang. Das ist der leichte Weg. Gott aber ist Gott und kein Mensch. Die *wahre* Macht zeigt sich nicht in der Einkerkerung oder Vernichtung des Gegners, sondern in seiner freien Gewinnung, in einem schwierigen Prozess der Versöhnung. Denken wir nicht allzu menschlich von Gott, wenn wir ihm diese Macht nicht zutrauen? Muss vor dem göttlichen Gott unsere Hoffnung nicht ganz offen bleiben, muss sie nicht *alle* einbeziehen, weil Gott sich *aller* erbarmen will (vgl. Röm 11,32)?

Wir dürfen *hoffen*, dass es Gott schließlich gelingt, alle zu gewinnen; aber wir können es nicht *wissen* und dürfen vor allem nicht vermessen mit diesem Gedanken spielen. Ein evangelischer Theologe des 19. Jahrhunderts hat unser Dilemma etwas burschikos so formuliert: Wer nicht glaubt, dass es Gott gelingt, alle zu gewinnen, ist ein Ochse; wer diesen Glauben aber lehrt, ist ein Esel!

Beleidigt aber eine „Hoffnung für alle" nicht die Würde der Opfer und ihrer Leiden? Eine Versöhnung auf Kosten der Gerechtigkeit? Sicher: Es gibt keine Versöhnung ohne Verzeihen. Verzeihen aber kann nur das Opfer. „Niemand, nicht einmal Gott, kann sich an die Stelle der Opfer setzen", sagt der jüdische Philosoph Emmanuel Levinas. Wie kann der Mörder zu Reue und Scham finden, sodass ihm das Opfer verzeihen kann, und wie kann das Opfer den Mut und die Freiheit zum Verzeihen finden?

Ich habe einen Traum. Jesus kommt mit seinen Heiligen zum Gericht (Mt 19,28; 1 Kor 6,2). Vor Gericht steht der Mörder von Anne Frank, ein Mann, der in seiner Jugend kaum Liebe erfahren hat und später aus Opportunismus und Karrieresucht zum Mörder geworden ist. Reuig und beschämt liegt er vor Jesus auf dem Boden und wartet voller Angst auf sein Verdammungsurteil. Da tritt aus der Schar der Heiligen ein Mädchen hervor, geht auf den am Boden liegenden Mann zu, gibt ihm die Hand und richtet ihn auf. Das Mädchen ist Anne Frank. Ihr einstiger Peiniger ist beschämt bis ins Mark und möchte am liebsten im Boden versinken. Anne Frank umarmt und küsst ihn. Was wird der Richter tun? Sicher wird er sie nicht auseinanderreißen.

Was müsste geschehen, dass dieser Traum Wirklichkeit wird? Ist eine solche Versöhnung theologisch denkbar?

– Zum Mörder: Wie könnte er zur schmerzlichen Reue und Scham finden? Gott ist immer auf der Suche nach dem Verlorenen, und zwar so sehr, dass er die 99 Gerechten zurücklässt, um den einen Verlorenen zu suchen *und* zu finden und sich am Wiedergefundenen zu freuen (Lk 15). Denn: „Kann denn eine Frau ihr Kindlein vergessen, eine Mutter ihren leiblichen Sohn? Und selbst wenn sie ihn vergessen würde: Ich vergesse dich nicht" (Jes 49,15). Gelingt es diesem mütterlichen Gott nicht, das Herz des Sünders während des irdischen Lebens zu gewinnen, bleibt Gott immer noch die Stunde des Todes. Was wissen wir denn schon, was in der Todesstunde geschieht? Im Tod und durch den Tod hindurch, im fürchterlichen Sturm des Gerichts und durch die Schleuse des Gerichts hindurch,[62] auch durch das, was wir Fegfeuer und „Abstieg zur Hölle" nennen, wird Gott, die Macht der freien Gewinnung, die festgefahrene Freiheit des Sünders zu gewinnen und zu verwandeln suchen. Jedenfalls haben zahlreiche griechische Kirchenväter von Origenes bis Maximus Confessor so gedacht – und in unseren Tagen Charles Péguy, die heilige Edith Stein und Hans Urs von Balthasar. Der Osterjubel des Apostels Paulus und der ganzen Urkirche (soll er nicht einen faden Beigeschmack behalten) lässt uns hoffen – wir wissen es nicht –, dass es Gott gelingt, auch das Herz eines Mörders zu erreichen, das heißt ihn zur unverstellten und schmerzhaften Wahrheit seines Lebens zu führen: zur Einsicht in seine verdrängte Schuld und damit zur schmerzhaften Reue und Scham. Denn nur einem reumütigen und beschämten Henker kann vergeben werden. Dass ein Mörder sich dem Gericht verweigert, muss um der Freiheit willen offen bleiben.

– Zum Opfer: Wie findet das Opfer den Mut und die Freiheit zum Verzeihen und damit zum Verzicht auf Rache und Vergeltung? In dieser wohl schwierigsten Frage können uns zwei Hinweise etwas Licht geben.

Einen ersten Wink gibt uns der Apostel Paulus, der ja zur Rettung seiner Brüder auf sein eigenes Heil verzichten möchte (vgl. Röm 9,3), wenn er schreibt: „Ich bin überzeugt, dass die Leiden der gegenwärtigen Zeit nichts bedeuten im Vergleich zu der Herrlichkeit, die an uns offenbar werden soll" (Röm 8,18). Dieser unerhörte Satz des Paulus ist zuerst und zuletzt ein Satz über Gott, und unser geängstigtes Herz beginnt zu ahnen: Wie muss Gott und seine Herrlichkeit sein, dass – man wagt es fast nicht zu sagen – alle Ungeheuerlichkeiten der Geschichte und alle Tragödien des persönlichen Lebens in einem neuen Licht erscheinen können? Denn ungeschehen machen, was geschehen ist, kann auch Gott nicht. Natürlich kann man Paulus' Aussage (angesichts von Gottes Herrlichkeit erscheinen unsere vergangenen Leiden „wie nichts") als rhetorische Floskel abtun oder herabmindern mit dem Hinweise, Paulus habe noch wenig von der Grausamkeit der Welt gewusst. Gewiss, Paulus kannte nicht die Schoah, aber Straßenzüge voll gekreuzigter Sklaven, die auf ihren schrecklichen Erstickungstod warteten, kannte Paulus wohl. Die Zeit des Paulus war eine grausame Zeit. Wenn man Paulus' Aussage beim Wort nimmt, erlaubt sie uns, den unverschämten Traum zu träumen: Angesichts von Gottes Herrlichkeit, angesichts des göttlichen „Plus" will vielleicht sogar Anne Frank ihrem reuigen und beschämten Henker die Hand reichen. Erst dann wäre Schalom; erst dann wäre Himmel.

Einen zweiten Wink entnehme ich dem Gleichnis vom „verlorenen Sohn". Auch der Vater ist verloren, solange ihn seine Söhne nicht verstehen, wie Liebe immer verloren ist und leidet, wenn sie nicht verstanden, nicht beantwortet ist. Charles Péguy sagt es so: Weil Gott uns liebt, ist er unser „Gefangener" geworden. Gott hat seine eigene Hoffnung in unsere vergänglichen Hände gelegt, sodass es an uns ist, Gottes Hoffnung nicht zu enttäuschen. Der Vater leidet, solange seine Söhne unversöhnt bleiben. Erst wenn der ältere Sohn seinem jüngeren Bruder (dem Verlorenen) die Hand gäbe, wäre die Freude des Vaters ganz, wäre die Liebe zu Hause.

Weil Gott sich – Torheit der göttlichen Liebe (und Torheit für alle scholastischen Philosophen!) – an uns gebunden hat, sich freiwillig von uns abhängig gemacht hat, ist die Versöhnung seiner Söhne und Töchter auch seine Freude.

Ob nicht gerade die Opfer, Gottes Lieblinge, Gottes Freude voll machen möchten?

Epilog

Wir können und brauchen Gott nicht zu rechtfertigen. Gott wird sich selber rechtfertigen. „An jenem Tag werdet ihr mich nichts mehr fragen" (Joh 16,23).

Anmerkungen

1 Sigmund Freud: *Briefe 1873–1939*, ausgewählt und hrsg. von Ernst und Lucie Freud. Zürich 1980, 346.

2 Ebd., 347.

3 C. S. Lewis: *Über den Schmerz*. Köln/Olten 1994, 27.

4 Benedikt XVI.: *Wo war Gott? Die Rede in Auschwitz*. Freiburg i. Br. 2006, 9.

5 Vgl. Inga Tönnies: *Abschied zu Lebzeiten. Wie Angehörige mit Demenzkranken leben*. Bonn 2007, 4.

6 Vgl. Birgitta Andersson: *Am Ende des Gedächtnisses gibt es eine andere Art zu leben*. Gießen 2007², 45.

7 Reinhold Schneider: *Winter in Wien. Aus meinen Notizbüchern 1957/58*. Freiburg i. Br. 1958, 119, 130, 131, 171, 178, 201, 213.

8 Alle Zitate aus Fridolin Stier: *Vielleicht ist irgendwo Tag*. Freiburg i. Br. 1981, 147, 183, 382.

9 Vgl. Wolfgang Frühwald: *„Komm Trost der Welt…". Untröstlichkeiten und Trost in der Literatur*. In: Tiemo Rainer Peters / Claus Urban (Hrsg.): *Über den Trost. Für Johann Baptist Metz*. Mainz 2008, 100–106.

10 Vgl. Eugen Drewermann: *Der sechste Tag. Die Herkunft des Menschen und die Frage nach Gott*. Zürich 1998.

11 Arthur Schopenhauer: *Handschriftlicher Nachlass*, Bd. 3, 57.

12 Alice Miller: *Am Anfang war Erziehung*. Frankfurt a. M. 1980, 84.

13 Als klassischer Vertreter dieser Theorie gilt der Münchner Fundamentaltheologe Armin Kreiner: *Gott im Leid. Zur*

Stichhaltigkeit der Theodizee-Argumente. Erweiterte Neuausgabe. Freiburg i. Br. 2005.

14 Beide Zitate finden sich bei Gotthard Fuchs: *"Wir sind sein Kreuz". Mystik und Theodizee.* In: Gotthard Fuchs (Hrsg.): *Angesichts des Leids an Gott glauben? Zur Theologie der Klage.* Frankfurt a. M. 1996, 148–183, 162 und 170.

15 Walter Kasper: *Der Gott Jesu Christi.* Mainz 1982, 244.

16 Karl Rahner: *Im Gespräch*, hrsg. von Paul Imhof und Hubert Biallowons, Bd. 1: 1964–1977. München 1982, 246.

17 Pierre Teilhard de Chardin: *Mein Weltbild.* Olten 1973, 60.

18 Vgl. Hans Kessler: *Das Leid in der Welt – ein Schrei nach Gott.* Kevelaer 2007, 89 ff.

19 Simon Conway Morris: *Jenseits des Zufalls. Wir Menschen im einsamen Universum.* Berlin 2008, 260 f.

20 Fridolin Stier (wie Anm. 8), 276.

21 Paul Ricoeur: *Schuld, Ethik und Religion.* In: *Concilium* 6 (1970), 384–393.

22 Thomas Mann: *Joseph und seine Brüder*, Bd. 1: *Die Geschichten Jaakobs.* Frankfurt a. M. 2000 (Taschenbuchausgabe), 289.

23 Karl Rahner: *Warum lässt uns Gott leiden?* In: *Schriften zur Theologie*, Bd. 14. Zürich 1980, 463.

24 Paul Claudel: *Das Buch Job.* Freiburg 1948, 23.

25 Fritz Zorn: *Mars.* München 1977^5, 132.

26 Maria Bührer: *Kranksein als Leiden und als Chance.* In: *Diakonia* 17 (1986), 2.

27 Harold Kushner: *Wenn guten Menschen Böses widerfährt.* Gütersloh 1986, 126.

28 Vgl. die Beiträge von Christoph Türcke, Günther Bernd Ginzel und Fulbert Steffensky in: Tiemo Rainer Peters /

Claus Urban (Hrsg.): *Über den Trost. Für Johann Baptist Metz*. Mainz 2008, 44–55.

29 Irene Häberle: *Die prophetische Aufgabe des behinderten Menschen*. In: Neue Wege 90 (1996) 245.

30 Franz Mussner: *Traktat über die Juden*. München 1979, 1988².

31 Ebd., 323f.

32 Ebd., 302f.

33 Ebd., 309.

34 Karl Josef Kuschel: *Ist Gott verantwortlich für das Übel? Überlegungen zu einer Theologie der Anklage*. In: Gotthard Fuchs (Hrsg.): *Angesichts des Leids an Gott glauben? Zur Theologie der Klage*. Frankfurt a. M. 1996, 227–261, 246; vgl. auch Navid Kermani: *Der Schrecken Gottes. Attar, Hiob und die metaphysische Revolte*. München 2005, 150–217.

35 Meister Eckhart, *Deutsche Predigten und Traktate*, hrsg. von Josef Quint. Zürich 1974, 99.

36 Karl-Josef Kuschel (wie Anm. 34), 244.

37 Sören Kierkegaard: *Die Wiederholung*. Hamburg 2000, 68.

38 Stellvertretend für viele andere sei hier der von Gotthard Fuchs herausgegebene Sammelband *Zur Theologie der Klage* erwähnt (vgl. Anm. 14 und 34). Johann Baptist Metz hat schon seit Jahren darauf hingewiesen, dass in unseren Kirchen „zu viel Gesang und zu wenig Geschrei" sei.

39 Erschienen 1965 in Zürich im Verlag Die Arche.

40 Sigmund Freud: *Das Unbehagen in der Kultur*. In: *Studienausgabe*, Bd. 9, hrsg. von Alexander Mitscherlich, Angela Richards und James Strachey. Frankfurt a. M. 1974, 208.

41 Vgl. hierzu das Buch des Lacan-Schülers Denis Vasse: *Bedürfnis und Wunsch. Eine Psychoanalyse der Welt- und Glaubenserfahrung.* Olten 1973.

42 Dietrich Bonhoeffer: *Widerstand und Ergebung. Briefe und Aufzeichnungen aus der Haft*, hrsg. von Eberhard Bethge. Neuausgabe. München 1970, 393 f.

43 Sie findet sich in: *Das Manfred Kyber Buch. Tiergeschichten und Märchen.* Reinbek 1971, 18–21.

44 Reinhold Schneider: *Winter in Wien* (wie Anm. 7), 79.

45 Dorothee Sölle: *Wählt das Leben.* Stuttgart 1980, 124.

46 Dorothee Sölle: *Lieben und arbeiten. Eine Theologie der Schöpfung.* Stuttgart 1985, 209.

47 Aurelius Augustinus: *Bekenntnisse*, übertragen von Carl Johann Perl. Paderborn 1963, 4. Buch, IV–VII. Dass der ältere Augustinus rückblickend seinen Aufschrei verurteilt und sich vorwirft, den Freund um seiner selbst willen und nicht allein „in Gott" geliebt zu haben, gehört zu jener „frommen" christlichen *Ideologie*, die bis heute noch nicht ganz ausgestorben ist.

48 Gabriel Marcel: *Geheimnis des Seins.* Wien 1952, 472.

49 Sigmund Freud: *Das Unbehagen in der Kultur* (wie Anm. 40), 214.

50 Vgl. ebd., 231f.

51 Ernst Bloch: *Das Prinzip Hoffnung*, Bd. 3. Frankfurt a. M. 1959, 1300.

52 Sigmund Freud: *Das Unbehagen in der Kultur* (wie Anm. 40), 208.

53 *Unsere Hoffnung. Ein Bekenntnis zum Glauben in dieser Zeit. Text der Synodenerklärung.* In: Peter Düsterfeld / Helmuth Rolfes (Hrsg.): *Unsere Hoffnung. Predigtmodelle*

zu einem Bekenntnis des Glaubens in dieser Zeit. Mainz 1976, 176. (I,8)

54 Charles Péguy: *Le mystère de la Charité de Jeanne d'Arc.* Paris 1930², 38 [Übersetzung: Johannes Brantschen].

55 Romano Guardini: *Theologische Briefe an einen Freund. Einsichten an der Grenze des Lebens.* München 1976, 29.

56 Paul Ricoeur: *Hermeneutik und Psychoanalyse* (= *Der Konflikt der Interpretationen* II). München 1974, 236.

57 Vgl. Romano Guardini: *Theologische Briefe an einen Freund* (wie Anm. 55), 30.

58 Gottfried Bachl: *Die Zukunft nach dem Tod.* Freiburg i. Br. 1985, 87 f.

59 Hervorhebung vom Verf.

60 Benedikt XVI., Enzyklika *Spe salvi*, Nr. 45.

61 Hans Urs von Balthasar: *Theodramatik*, Bd. 4: *Das Endspiel.* Einsiedeln 1983, 272, vgl. auch 273. Vgl. ferner Hans Kessler: *Was kommt nach dem Tod? Über Nahtoderfahrungen, Seele, Wiedergeburt, Auferstehung und ewiges Leben.* Kevelaer 2014, 231–246.

62 Vgl. hierzu das wichtige Buch von Ottmar Fuchs: *Das Jüngste Gericht. Hoffnung auf Gerechtigkeit.* Regensburg 2007, bes. 110–165. – Einen etwas anderen Ansatz – wenn auch mit ähnlichen Erkenntnisinteressen – verfolgt Hansjürgen Verweyen in seinem gewichtigen Buch: *Ist Gott die Liebe? Spurensuche in Bibel und Tradition.* Regensburg 2014, 147–191, bes. 189–191.